Albert Brendel

Herrn Grafs Reisebriefe und Tagebücher

4. Band

Albert Brendel

Herrn Grafs Reisebriefe und Tagebücher
4. Band

ISBN/EAN: 9783744682596

Hergestellt in Europa, USA, Kanada, Australien, Japan

Cover: Foto ©ninafisch / pixelio.de

Weitere Bücher finden Sie auf **www.hansebooks.com**

Herrn Grafs Reisebriefe und Tagebücher

Von
Albert Brendel.

München, Leipzig (I).

München.
Braun & Schneider.

Jedes Heft bildet für sich ein Ganzes und wird einzeln abgegeben.

Von

Albert Brendel.

München, Leipzig (I).

München.
Braun & Schneider.

München.

(1854.)

~~~

An das geehrte Kohlegium für die glasballästerne Indebustrieausstellung für Deutschland nebst Umgegend, wohnhaft in München.

Meine nicht zu hoch zu genug zu verehrenden
'Herren Debentazion!

Mein Name ist Herr Graf nebst Sohn aus Pirne, früher Briefatabgeordneter auf die Londoner große Ausstellung und jetzt Bartegiligeh mit 9 Thaler 15 Groschen jährliche Steuern und keinen Pfennig nicht schuldig, durch welche Einleidung ich mich hoffe hinreichend in Ihren Respekt versetzt zu haben.

Damit daß Sie mich für keinen unhöflichen Menschen nicht halten, muß ich mich zuerst nach Ihr bärsöhnliches Wohlbefinden erkundigen und wie es sie eigentlich geht. Nicht wahr, sie machen Sie die Köpfe ein bischen warm? Aber das geht Einen allemal so und das weis ich auch schon aus Erfahrung, weil ich auch ein mal ein Ausschußmitglib bei unsre Birgerschitzenkommbanie war und wie da Einer dann herum gestoßen, hierhin und dorthin geschubft wird und Jeder will mit hinein reden wo wir doch am Ende oft selbst alle miteinander Nichts nicht davon verstehen. Nun aber das schadet auch nicht viel und Sbas muß sein, wie immer der Küster in Bommelsdorf sagte, wenn sein Herr Pastor mitten in der Bredicht stecken blieb. Aber auch nicht zu weit darf der Sbas nicht gehen und wenn sie es Einen gar zu bunt treiben, so muß man am Ende gehörig grob werden, was Einen gewiß kein anstendigter Mensch nicht verdenken thut.

Nun wollte ich mich aber auch bei Sie höflichst endschuldigen, von wegen weil wir aus Pirne gar Nichts nicht haben auf Ihre Ausstellung ausgestellt, aber dieses kommt nur von die insamichten Russen und Türken, welche sich jetzt in den Haaren liegen und mit die Engländer und Franzosen eine Barti Weltgeschichte sbielen.

Nun muß aber bei solche bolitische Zeitgelegenheiden auch ein Jeder ordentlicht mitmachen, weshalben wir uns auch in Pirne hier in mehrere Barteien getheilt hatten; das Eine das waren nämlich die Russen und das Andere das waren die Tirken, und dann war auch eine Bartei, welches die Alten waren und größtentheils ein bischen taub, lahm oder blind und auch solche, die nicht lesen thaten, wie es in die Weltgeschichte zuging, die hießen wir die Neitralischen, welches Wort aus das Russische abstammt und so viel heißt, als wie: **Thu Du mir nichts nicht, thu ich Dir auch nichts nicht!** Aber in die französische Sprache soll es wieder ganz anders heißen und ungefähr so viel als wie: **Es hilft Dir Alles Nichts nicht, es setzt noch etwas auf das Dach!** Und auf Englisch heißt es wider: **Das ist Dir schon recht, warum greifst Du den Hund beim Schwanz an, mancher Hund hat auch Zehne am Schwanze, damit daß er beißen kann!**

Nun kurz und gut, wie wir uns nun hatten so auseinander vereinzelt, so gab es in Pirne balde keine Pirn'schen nicht mehr, sondern nichts nicht als wie Russen, Tirken und die Neitralischen.

Ich bin mit Respeckt zu vermelden aus zwölf Grinde mit vollen Herzen ein Tirke, denn erstens: weil der Tirkische Recht hat;

zweitens: der Russische nicht;

drittens: weil ich keine Juchten nicht riechen kann;

viertens: weil der Asbraganer Kasiar unsern einheimischen Elbkasiar zu verdrengeln sucht;

fünftens: wegen den tirkischen Toback,

und sechstens bis zwölftens: wegen die Weiber in die Tirkei, welches so bequem ist, weil man Eine, welche Einen nicht mehr gefällt, kann ganz ruhig in ein Sacktuch binden nebst einen Stein dazu und wirst dann das Baket in den Boßborus, wie auf tirkisch übersetzt das Meer heist.

Lehmann dahingegen, welches mein Nachbar ist und der auch mit in London auf die Ausstellung war, ist mehr für die Russen, alleine aber nur, weil sein Fetter der Fleischermeister Apelt gesagt hat: wenn wir endlich einmal aus Rußland keine Ochsen nicht mehr herausgeschickt bekommen thäten, so könnten wir verhungern, welches ich aber auch noch nicht glaube, denn oh Kondrär es giebt unter uns selbst noch Ochsen grade genug, das wir uns können auf unsere eichenen Feiste ernähren. Also wenn Einer nun blos sich will wegen die Ochsen auf russische Seide halten, so kann man dieses doch blos höchstens Diebelomatie nennen. Aber Lehmann ist nun einmal so, ihn geht die fisikalische Nahrungsangelegenheid über die Indelegenz.

Und dann ist es auch schon das Kostim oder die Kleidung, welches mich zu die Tirken hinziehen thut, das Gegentheil ist es grade mit die Russen. Sehen Sie zum Eckjempel nur einmal einen Russen an in seine Nazichonaltracht, welche aus ein Paar ungewichsten Stieseln, ein paar durchgelecherte Hosen, ein großes Loch in der grünen Jacke nebst Oelflecken und kein Halstuch nicht dazu besteht. Dazu kommt aber nun noch die Haubtsache, nämlich das sich der Russe niemals nicht kämmen thut, weil nach die russischen Zensurgesetze die Kämme als eine lebensgefehrliche Waffe sollen ganz verboten sein.

Was daraus entstehen muß, das kann sich Jeder leicht von selbst denken, aber man schämt sich solche Wörter in den Mund zu nehmen. Dabei trinkt der Russe immer nur Schnabs, wenn er welchen hat; glicklicher Weise hat er aber immer niemals keinen nicht, denn sonsten wäre es vollends nicht auszuhalten.

Und vor ein solches Volk hat nun dieser Lehmann wirklich Simbadi! Ist dieses nicht lächerlich? Blos wegen die Ochsen!

Aber ich lobe mir dagegen die Tirken, welche sich stets reinlich benehmen, dazu immer neugewaschene Bumbhosen tragen, sich auch immer den Kopf glatt abrasiren, warum es gar niemals nicht so weit kommen kann, wie bei die ungekämmten und ungewaschnen Russen. Hinter einem jeden Tirken geht den ganzen Tag ein Sklafe hinterher mit ein Waschbecken, weil sich der Tirke aller fünf Minuten einmal wäscht; dann kommt noch ein anderer Sklafe mit einer großen Butelche Rosenöl, womit er den gewaschenen Tirken wieder frisch einbalsimirt und einsalbert, darum riechen auch die Tirken immer viel besser als wie die Russen, weil überhaupt in Rußland das Rosenöl und ähnliche Barfomirereien noch gar nicht erfunden sind. Der Russe wäscht sich mit Kornsbirious und schmiert sich alsdann hierauf mit Wallfischbran ein, welches sehr nützlich gegen die Motten soll sein.

Und dann frage ich Ihnen, meine lieben Herren Debentazion, ob das nicht recht hibsch ist, wenn Einer kann so ein halbes Dutzend Weiber auf einmal haben? Sie werden mir zwar hiegegen erwiedern: es hätte manchmal Einer schon an Einer mehr als Eine zu viel! Aber ich sage: gerade dieserwegen muß man sich **mehrere** nehmen zu dürfen die hohe obrichtkeitliche Bewilligung haben. Ist dann eine recht böse unter die andern, so läßt man sie ganz ruhig bei Seite liegen und beachtet ihr nicht, welches sie auch schon von selbsten Ihren bösen Karakter tuhriren wirde. Hilft dies noch nicht, so wirft man sie in den Boßborus. Nun, habe ich da Recht oder nicht?

Ferner giebt es noch andere sehr schöne Einrichtungen in die Tirkei, welche wir kennten bei uns in Deutschland nachamen, worunter besonders gehört, das es keine Glocken nicht auf die Kirchtirme giebt, welches man Moschee nennt. Sie werden mir vielleicht sagen, daß dieses ein Rickschritt wäre, aber nein durchaus dieses gar niemals nicht. Unsre Turmuhren sind sehr kostsbillig und gehen dann immer falsch; dann kommt der Uhrmacher und setzt für die Rebaratur allemal mehrere Thalers an und sie geht doch noch nicht. Hingegen aber in die Türkei nimmt man einen Gelehrten oder Stuthierten, was man einen Therwisch heißt und setzt ihn auf die Moschee oben hinauf, damit daß er bei jeder Stunde ruft, welche Zeit es ist mit einem Sprachrore. Ist dieses aber nicht viel einfacher und billiger als wie eine Thurmuhr, welche überhaupt niemals nicht richtig gehen thut? Geht in der Tirkei einmal so ein Therwisch nicht mehr richtig, so braucht er nicht rebaraturirt zu werden, sondern man legt ihm blatt auf den Bauch und zählt ihn einige Hundert mit den Pambuß auf die Beine, oder auch etwas höher hinauf, wenn er ganz falsch gegangen ist, wohin wir uns Alle setzen. Dieses hat viel Vortheile:

Erstens kostet es nicht viel Rebaraturkosten zu bezahlen und zweitens geht dann so ein Therwisch mindestens auf ein ganzes Jahr wieder richtig.

Nun kann wohl auch der Fall vorfallen, daß ein andres mal der Therwisch häser wird oder nicht mehr ordentlich ausrufen kann, doch hilft man sich dann auch kurz, indem man ihn alsdann die Kähle mit Maltszirub einschmiert, welches auch nur wenige Groschen kosten thut.

Aber nun kommt der größte Vortheil von dieser Uhreneinrichtung. Ich nehme zum Beisbiel an, Einer von uns geht gerne Abends ein bischen in die Kneibe, welches Sie ja doch

auch selbst wissen werden, und möchte ein bischen später nach
Hause kommen, aber er firchtet sich für seiner Frau, welche
alsdann allemal Kartinenbredichten abhält. Will man sich nun
auch ein bischen herausligen und sagt: Aber libster Schatz, es
hat ja so eben nur erst Zähne geschlagen, dann sagt sie: So,
Zähne geschlagen? Oh, da sehe mir nur einmal Einer diesen
ligenhaften Menschen an, als ob ich es nicht gezehlt hette —
Zwelfe war's und schämen sollst Du Dich! Den Hausschlissel
will ich Dir wegnehmen! — und was es denn noch für pas=
sende Redensartigkeiten vor solche Felle gibt, wo es einem gu=
ten Ehemann immer blau und braun auf den Ricken wird. In
die Tirkei kann man dieses aber leichte abendern. Wohnt man
zum Beispiel gleich neben einer Moschee und will ein Mal
spete nach Hause kommen, so geht man erst hinauf auf den
Turm und sagt: Lieber Herr Therwisch, ich mechte gerne daß
es heute Abend anstatt um Zwelfe nur um Zähne wäre; ver=
stehen Sie mich? Dabei drickt man den lebentichten Uhrgeheiße
einige tirkische Scheideminzen in die Hand. Sagt dann der
Therwisch: Nein, ich verstehe Ihnen noch nicht so gans! — so
setzt man noch einige Minzen hinzu, so lange als wie bis er
Einen endlich versteht, welches man auf tirkisch das Uhrwerk
einschmieren nennt. Dann kann man gans ruhig nach Mitter=
nacht nach Hause kommen und schimbst Fatime, so heißen die
Tirkenweiber, so sagt man: Theierster Gegenstand meines haus=
wirdschaftlichen Eheglicks!(dieses ist aus das Tirkische über=
gesetzt) hast Du nicht gehert, wie es auf die Moschee erst um
zähn Uhr ist? Du hast gedreimt Licht meines Bratherdes!
— Damit ist die Sache abgemacht und die Muselfrau muß
ihren Muselmann noch um Verzeihung bitten, weil sie ihm
hat in so niedrichten Verdacht gehabt.

Das Einzichte, was ich in die Tirkei hasse ist dieses, daß
Sie keinen Wein nicht trinken, weil dieses der Profet Muhu=
met verboten hat. Aus diesen Grunde habe ich einige Zeit
sogar so zu sagen zwischen die russische Bartei und die Tirken

geschwäbt, aber als mir Einer gesagt hat, daß die Tirken den heimlichen Getrenke nicht abgeneicht sind, da war ich wieder ausgesehnt. Es soll nämlich auch in den Koffeeheisern Wein verabreicht werden, aber nur heimlich und verblimt. Wenn der Kellner nämlich fragt: Wünschen Sie schwarzen Koffee? und es sagt Einer: Ja wohl, sehr schwarz! — so schenkt er Einem aus eine heimliche Koffeetanne Wein in die Dasse, welches dann kein Wein nicht mehr ist, weil man ihn aus einer Dasse trinken thut. — Für die übrigen geistlichen Getrenke und Spiridosen soll jedoch der Muselmann auch nicht abgestorben sein, zum Beispiel als wie Bier, Likehr und ähnliche Sachen verabscheit er nicht im Geringsten gar niemals.

Meine Herren Debentazion! Sie werden mir zu sagen sich erlauben, daß dieses hier eichentlich gar nicht in die Ausstellungsangelegenheiden geheren thäte. Aber entschuldigen Sie, es gehert dennoch grade erst recht da hinein; es ist nur eine historichte Rechtfertigung von unsre Seide, damit Sie nicht etwa in München denken sollen, daß wir in Pirne keine Indebustri nicht hätten, sondern aber, daß es nur bolitische Zerwirfnisse sind, woran es liegen thut. Wie nämlich die erste Nachricht ankam, daß es in die Tirkei losgegangen war und daß der Russe sich in die Donau festgesetzt hatte, während man ihn in die schwarze Nordsee von englische und franzesische Schiffe die Hasen pilotiren ließ, da ging es auch bei uns in Pirne los. Wenn sich auf der Straße Zweie auf einmal einander begegnen thaten, da schrieen Sie Einer den Andern an:

Haben Sie es schon gehört?

Nein, schrie der Andre wieder, was ist denn los?

Sie haben Hiebe gekriegt.

So? Wer denn?

Nun die russischen Trupsen.

Was die Russen? Oh weh, diese armen, guten, lieben Leite!

Wie meinen Sie? Mich dauern nur die armen Tirken.

So? Diese Heiden, welche allemal des Mittags zum Thesert einen gebratenen Christen verzehren?

Glauben Sie doch dieses nicht; das ist nur eine Lüge von die pfanatischen russischen Priester; aber dieses ist wahr, daß die Russen jeden Morgen ein paarmalhunderttausend Menschen nach Siebierichen schicken, wo es so kalt ist, daß der Mond tiefe Springe und Frostlöcher bekommen thut. Pfi Deisel, gehen Sie mir mit die Russen!

Und die Tirken soll alle der Henker holen.

Und Ihnen selbst auch mit dazu.

Ihnen wird er dann wohl auch nicht alleine hier sitzen lassen.

Sehen Sie, meine Herren Debentazion, so ging es in Pirne zu; die besten Freinde wurden in eine Minute zu den verbitterlichtesten Feinden, schimbsten und schubsten sich, mit Wertlichkeiten und Rippenstößen auf die Straße herum, daß man gar nicht mehr seiner Haut auf den eichnen Leibe nicht sicher war. Meinen Fetter Müller, welcher zu die Tirkische gehert, wie überhaubt alle meine lieben Anverwandten — also meinen Fetter Müller hat eines speten Abends der Tischler Hobelinger, welcher ein Russenanhängler ist, von hinten übergefallen, wie Müller grade aus die Gesellschaft zum stillen Vergnigen kommen that, und dabei hat Hobelinger unter dem Rufe: Fisad es leben alle Russen und nieder mit die Tirkenhunde — Müllern hinterricklings drei Zehne eingeschlagen. Da sieht man, wie weit Einen die bolitische Kurzsichdichkeit und Verbländung verführen kann.

Wie nun die Gegenstende sollten zusammengesammelt werden, welche auf die Minchner Ausstellung bestimmt waren, da gab es auf einmal keinen Frieden nicht mehr unter die ganse Gesellschaft, obgleich sich schon eine Kommidee dazu gebildet hatte. Denn die Russenfreinde meinten auf einmal: Wenn die infamigten Tirken (das heist nemlich die Pirnschen Tirken) etwas hinschicken thäten nach Minchen, dann schickten Sie nichts nicht hin; und die Tirken sagten wieder dahingegen: Wenn diese infamigten Russen (das heißt die Pirnschen Russen) etwas nach Minchen schicken, so schicken wir nichts nicht. Und somit ist es auch richtig so gekommen und Pirne verliert den gansen Ruf, den es schon in die Kunst und Gewerbefleißigkeit erlangt hat.

Hiermit werden Sie auch einsehen, daß die historichte Schilderung, welche ich Sie von die Angelegenheid geschildert habe, gans an Ihren Plaze war, um die Stadt Pirne in Ihre Augen wieder in eine klare Beleichtung zu versetzen.

Aber damit, daß Sie auch erfahren, was wir hingeschickt haben geworden thäten, so will ich nur Einiges davon näher benennen:

E r s t e n s: Eine Erfrischungsdambfspritze von zwei Pferdekräftigkeiten für unsre Rathssitzung in die heisen Sommertage, welche mit Wasser gefüllt wird und zum Spritzen dient, wenn die Herrn Rathsherrn einschlafen wollen, welches sehr oft geschieht. Sie kann auch zum Staublesschen gebraucht werden, wenn grade keine Rathssitzung nicht ist.

Z w e i t e n s: Eine Dreiersemmel vom Bäckermeister Knapphaus, welche sich durch Ihre Leichdichkeit hervor thut, warum aber auch Knapphaus mit jedem Tage desto dickerer und schwererer wird. Diese Semmelchens gehören unter das feinste Gebecke und sind so leicht und zart, daß man niemals nicht darf in der Stube, wo man sie hat, die Fenster und die Thire auf einmal aufmachen, weil von die geringste Zugluft die Semmelchen zum Fenster hinausfliegen und mehrere Meilen weit, wie dieses schon ofte der Fall gewesen ist.

D r i t t e n s: Wollte der Wirth aus den „blauen Lemmchen" den einzigen Stuhl schicken, welcher bei den letzte Jahrmarkte ist gans geblieben, welches sehr wunderbar und seit Menschengedenken nicht vorgefallen ist, denn wenn Sie Abends im „Lemmchen" Abschied nehmen, so benutzen Sie dazu die Stuhlbeine, womit es um die Köbfe und auf die Ricken geht.

In früheren Jahren haben niemals die Stühle noch nicht gereicht und haben Sie sich noch Stuhlbeine aus die Nachbarschaft geborgt, warum dieser ganze Stuhl von den letzten Jahrmarkte eine große Seltenheid ist.

Viertens beabsichtigte die Gemeinte Klughausen einen alten vierhundertjährigen Eigbaum hinzuschicken, welcher voriges Jahr zweimal ausgeschlagen hat. Dieses kommt sonst nur bei Haselnusgesträiche vor, welche oft noch heißiger ausschlagen und ist also von einem Eigbaum eine eirobäische Merkwirdigkeit, wäre auch das schönste Stück in Ihren Glasballast geworden, wenn es auch ein bischen groß und massif gewesen wäre. Aber dieses hätte am wenigsten geschadet, und wenn er etwa nicht hinein gegangen wäre in die Ausstellung, dann hätten wir noch ein kleines Anbauchen daran machen lassen, welches die Archedecktuhr gar nicht stört. Im Gegentheile, es sieht recht hibsch aus, wenn erst so ein Anbauchen kommt und dann noch einer und dann wieder einer und dann noch ein kleinerer und hierauf noch einer und zuletzt ein ganz kleiner, welches die römischen Zimmerleite im Altertum Bärspecktiese nennen thaten. Ich hoffe, daß Sie diesen Blan von mir zur Ausführung bringen werden, wenn es nöthig ist; es macht Aesekt.

Fünftens: ein Pröbchen von die Finsternis in unsrer Vorstadt, wo an der einen Straßenecke schon sieben Mann die Füße gebrochen haben und noch mehrere die Aerme. Es kommt jedoch nicht eher keine Laterne nicht dahin, als bis wie erst einer von die Herren Stadträthe einmal daselbst den Hals zu brechen geruhen thut.

Ich führe Ihnen nur diese wenigen Gegenstende an, obgleich noch viel mehr in Absicht war, aber Sie werden dennoch zu begreifen sich geneichtest bereitwillig erklären, daß Pirne auf die Münchner Ausstellung glenzend erschienen were, wenn nicht diese bolitischen Unruhen hineinkommen thaten. So aber kommt die Stadt um Ihre ganze Beriemtheit.

Ich habe mich aber nichts destowenigstens entschlossen, Ihre

Ausstellung auch mit meine Gegenwerdigkeit zu besuchen und wollte darum nur bei Sie anfragen, ob bei das Thiereckthorigum nicht vielleicht noch etwas zu helfen wäre, welches ich mit das größte Vergnigen machen würde. Auch mein Sohn, mein Fritze kommt mit, welcher sich auch gerne bei die Leidung des Ganfen behilflich erzeichen will. — Wenn die tirkische Frage bis dahin enbledigt ist, so kommt vielleicht auch Lehmann mit, aber jetzt stehen wir uns noch als Feinde einander gegeniber, weil er ein Russenfreind ist.

Ich verbleibe mit der tiefsten Hochachtung
Ihr treuer Freind
Graf
Briefadjeh aus Pirne.

Reise nach München.

Vorbereitungen.

Unser großer Dichter Schiller sagt in seiner Vorrede zu Reichardt's Reisepassaschir in zwei Theilen:

„Das Reisen in Gliedern und Zähnen ist eine Gemeinheit von unsrer Frau Mutter Natur, aber hingegen jetzt beruht die ganze Bildung auf die Dambskraft, und wenn es selbst dritte Klasse mit ungeboltsterte Bänke und grobe Condoktöre ist!"

Wer sollte nicht in diesen Zeilen eines kindlichten Gemiethes eine Aufforderung zum „Willst Du immer weiter schweifen!" ebenfalls von Schillern finden?

Da hingegen unsre bolitischen Zerwirfnisse in Pirne immer noch nicht geordnet sein und Lehmann sich feste an die russischen Barteilgen hielt, so ließ ich ihn links liegen und wendete mich an die Kunst. Nämlich in Pirne ist ein sehr geschickter Maler, Namens Daniel Kohle, welcher eichentlich ein gans verkanntes Talend hat, da er hier bei uns keinen Wirkungsgreis findet, wie er vor ihm baßt. Kohle nämlich malt Alles: Geschichte, Naturgeschichte, Wirthshausschilder, Heilige und dann auch wieder Stuben und Blafons (wie er's immer nennt), auch bohrdrahtirt er den gemeinsten Lumpen so schön als wie einen Bürgermeister, und giebt Zeichenstunden ah zwei Groschen Kurand. Es fehlt aber dem guten Kohle nur ein Bischen, daß er die Welt sieht, wodurch er ein großer Künstler werden muß.

Insofern als wie nun alle Firsten, Grafen, Baarohne und ähnliche Leite, welche niemals nicht viel von die Kunst verstehen, sich immer einen Kinstler mitnehmen, als daß sie dann auch mit davon reden und bariber urtheilen können, so wollte auch ich es so machen, indem meine Mittel mir dieses erlauben, daß ich den beriemten Maler Kohle kann aus meiner Tasche mitnehmen, zumal da in München vieles ist, was Ansprüche auf Kunst und Künstlichkeit machen soll.

Auch mein Fritze, welcher nun schon etwas verstendiger und erwachsener ist, soll mit, damit daß er auch etwas vor seinen Geist profitirt.

Der Herr Maler Kohle ist vor Freide gans verrickt geworden, als ich ihn meinen Reiseblan mittheilte. Er nimmt zwei Dutzend große Bleistifte mit und ein ungeheier dickes Buch, wo noch nichts darin steht, warum man es Schkitzenbuch nennt. Dahinein kommen seine Zeichnungen, welche er mir aus Dankbarkeit für mein Tagebuch verwidmen will.

Bis Leibzig sind wir in der Nacht gefahren, weil es allda auch wenig zu sehen giebt, von da aber ging es mit dem Eilzug weiter, welches immer so schnell geht, als ob wie wenn der Teifel mit schieben thäte.

Der erste Ort von Bedeitung ist ein gewisses Altenburg, welches schon an die Grenze von Schwaben liegen soll. Ich wollte dieses erst gar nicht glauben, allein es erzehlte mir einer von die Passaschiere folgende Fawel, welche wirklich wahr ist und sich alldort zugetragen hat.

Wie also die Eisenbahn ist gebaut worden, da hat in Altenburg ein alter einsbänniger Lohnkutscher gelebt, welcher mit seinen alten weißen Schimmel auf einen sehr vertraulichen

Fuße gestanden hat. Da sagt also eines Tages der weiße Schimmel zum Lohnkutscher: „Härr'n Se, das geht Sie doche nich so, daß uns de Eisenbahn in unsern Drotschkenbezirk kommen thut. Weiter als wie bis an's Weichbild von de Stadt Altenborg darf uns de Eisenbahn nich kommen; das leiden wir nicht und jetzt geh' ich naus in die Direkzion!" Der Lohnkutscher ist schon fuchswilde auf die Eisenbahn gewesen und sagt: „Ja, Schimmel, geh' Du nur 'naus und rede!" Und wie gesagt, der Schimmel hat sich mit der Eisenbahn so lange gestritten, daß sie hat nachgeben müssen. Und noch heutzutage kommt von der Stadt draußen der weiße Schimmel, spannt die Locomotive aus und zieht die ganze Geschichte herein bis in den Bahnhof.

Einige Weitgereiste wollen nun freilich sagen, daß der Bahnhof nach schwäbischer Art angelegt wäre, allein es ist aber daran weiter Niemand nicht Schuld, als wie dem alten Lohnkutscher sein weißer Schimmel. —

Also wie wir in Altenburg ankommen thaten, schrie der Konduktör: Altenborg, fünf Minuten Aufenthalt! Ich sage: „Kohle, kommen Sie, wir wollen rasch ein Töbschen Bier trinken!" „Ei ja wohl, mit dem größten Vergnigen!" sagt Kohle, und nun laufen wir, daß wir in die Bahnhofsrestorazion kommen. „Zwei Töbschen Bier!" schrei ich und werfe das Geld dafür hin, aber in den Augenblicke, wo wir danach greifen wollen, da feist die Lotimotife, und wir mußten Geld und Bier im Stiche lassen und laufen, damit daß wir nur den Zug nicht verbaßen. Ach! und das Bier sah so theelikat aus!

Mit Mihe und Noth kamen wir noch in unser Kuhpö und nun machte ich den Herrn Eisenbahnerkonducktheer die bitterlichsten Vorwirfe, aber er lächelte gans einfach und sagte: „Meine Herren, Sie wissen, wir sind ein Eilzug!"

Auf einer Reise ist es immer gut, daß sich Einer merkt, wie die Orte heißen, wo Einer gewesen ist, welches allemal auf die Bahnhöfe angeschrieben steht. Es kann auf diese Weise leichte Einer sich wieder die Erinnerung anknipsen und darum sagte ich zu meinen Fritzen: „Fritze!" sagte ich, „dahier hast Du einen Bleistift und Pabier und nun schreibe mir allemal die Namen auf, welche an die Bahnhöfe angeschrieben stehen." „Sehr wohl, lieber Vater!" sagte Fritze, und gelobte aufmerksame Verfolgung meiner väterlichen Rathschläge.

———

Es ging nun immer mit einer schwindelhaftigen Schnelligkeit weiter, so daß Einen ordentlich der Aden verging. Man kam hierauf an die firchterliche Bricke über das **Geldsthal**, welche Bricke aber eichentlich mehr ein Visadukt heißt oder auch die Seifzerbricke genannt wird, weil nämlich das ganze Land seifzt, wenn es daran denkt, wie viel Geld zu erbauen diese Bricke kostete.

———

Jetzt waren wir endlich in Beiern und Kohle steckte sogleich seine Nase zu dem Kuhpöfenster hinaus. Dann lud er mich ein, daß ich dasselbe thun sollte. Ich that es auch und wie wir unsre Nasen wieder in den Dambfwagen gezogen hatten, da fielen wir uns um den Hals und weinten Freudenthränen.

„Haben Sie es gerochen?" thaten wir einander uns zwei Beide zu gleicher Zeit fragen.

„Hopfendinste!" rief ich dann.

„Malzgerüchar!" schrie Kohle.

„Wir sein im Lande des Bieres!" juwelten wir zugleich und Kohle sang mit seiner zarten Denohrstimme:

Am Rhein! Am Rhein!
Da wachsen unsre Reben.
Hat Keiner keinen Wein,
Läßt er ein Bier sich geben,
Gesegnet sei der Rhein!

Die sächsischen Eisenbahnwärterbeamten haben keine auffallenden Ziege, allein sobald als wie man über die baiersche Kränze kommt, ist das gleich anders. Allda sind nämlich zu diesen wichtigen Posten nur höhere Staatsbeamte angestellt und haben rothe Oniformen, grade wie die englischen Stabsoffiziere. Ein Herr in unserm Kuhpö wollte auch behaupten, es wären wirklich lauter englisches Militheer, welches seinen Abschied genommen hatte, weil es in die Tirkei einmal nichts nicht zu thun geben thäte. Ich fand anfangs diese Behauptung etwas wagehälzig, allein der Mann kann immer recht haben, denn die englischen Soldaten in London gingen ebenfalls so bekleidet, als diese Herren, welche Schildwachen an der Eisenbahn standen. — Vielleicht sind es auch Vorposten, welche die Engländer ausgestellt haben, denn ich höre, daß gleich links um die Ecke neben Baiern die eichentliche Tirkei angehen soll.

In Culmbach soll ausgezeichnetes Bier gebraut werden, weshalb ich mit Kohlen sogleich aus dem Wagen stirzte, um uns zu erfrischen. Wir kamen glücklich bis an das Bisett und wollten schon zugreifen, da schrie der Konducktheer schon wiederum: „Meine Herren, einsteigen oder sitzenbleiben!"

„Aber mein gutestes Herrechen —" meinte ich.

„Mein Herr, wir sind ein Eilzug!" sagte er und lächelte bitter.

Ich habe es immer gesagt, mein Fritze muß einen ohrkanischen Druckfehler am Kobfe haben, oder wie mir ein Doktor sagte — einen überflißigen Mangel an Begriffsvermögen. Aber ich habe ihn auch davor heute dichtig gestraft.

Ich hatte nämlich Fritzen aufgetragen, daß er sollte auf jeder Stazion die Namen aufschreiben, welche angeschrieben stehen, damit daß man es weiß, wie der Ort heißt. Wie wir nun schon ein großes Stück in Baiern drinne waren, fragte ich Fritzen, ob er auch Alles richtig aufgeschrieben hatte.

„Ei ja wohl, lieber Vater, jedoch heißen die Orte fast alle gleich," sagte er und gab mir seinen Zettel. Aber ich gedachte, gleich in die Erde versinken zu müssen, wie ich sah, wie irrdümmlich mein Sohn gehandelt hatte. Auf dem Zettel stand nämlich nur immer:

Für Herren! Für Damen!
Für Damen! Für Herren!
Für Damen! Für Herren!
Für Herren! Für Damen!
Für Damen! Für Herren!
Für Damen! Für Herren!
Für Herren! — — —
Für Herren! Für Damen!
Für Herren! Für Damen!

„O Du Unglücklicher!" rief ich, „was hast Du gemacht?"

„Ich habe gethan, wie Du mir befohlen und alle Namen aufgeschrieben, welche auf die Stazionen zu lesen waren und an den Heischen standen."

Da aber machte meine väterliche Liebe einer dichtigen Ohrfeige Blatz, mit welcher ich Fritzen beehrte, daß er gleich unter die Bank fiel und jammern that. Ich kannte aber hier keine Erbärmlichkeit nicht, sondern rief sogleich einen Konduktheer herbei, welcher Fritzen ganz hinten in einen Backwagen zu großen Kisten stoßen mußte, damit daß er auch wußte, warum ich ihn strafte.

Bamberg ist auch eine nette Stadt und soll das Bier, welches allda gebraut wird, jetzt leichter zu verthauen sein, als wie sie noch Politik unter den Hopfen mischten, wodurch die ganze Gärste verloren geht, um welche es doch schade wäre.

In Bamberg konnten wir ganz deitlich sehen, wie Einer ein Tebschen trank, wo wir uns nun auch hinzustirzen wollten, allein da fiff auch schon wieder die Eisenbahn und mit einem Mund voll Durst mußten wir uns umkehren.

Wie ich es dem Konducktheer vorwerfen that, lächelte er wiederum Hohn und sagte: „Meine Herren, wir sind ein Eilzug!"

————

In Erlangen, wo wir wiederum nicht herausdurften, erhielt Kohle schon Krembse und Zahnreisen vor Durst, aber „wir waren ein Eilzug." Als wir aber nach Nürnberg kamen, da winkte ich Kohlen und wutsch! waren wir aus der Eisenbahn hinaus und stiefelten auf die Stadt zu. Ich hätte es auch nicht mehr ausgehalten und wollten wir also jetzt diese Menschenquälerei nicht länger dulten, sondern in Nirnberg die Eisenbahn im Stich lassen, uns erst satt trinken und mit dem nächsten Zuge weiter fahren. Plötzlich aber dachte ich an Fritzen in dem Backwagen, allein aber schon fiff es wieder und dahin fuhren sie.

Ich machte mir keine Gewissensbise und Vorwirfe, denn ich wußte schon, daß mein Sohn als Passaschirgut in München aufgehoben werden wirde, bis sich sein Eigenthümer und Vater vermeldete.

Uns führte nun ein sehr freindlicher Mann, den wir fragten, der aber so dick wär, daß er durch die Hausthiren blos der Quere durchkonnte und Malzhuber hieß, dieser führte uns nun also in ein Bierhaus, welches die Himmelsleiter hieß. Ist dies nicht eine Verspottung des Himmels? Durch das Bier kommt keiner in den Himmel, höchstens derjenige wird durch das Bier ein Engel, wenn er keins nicht trinkt.

Allein wir schänirten uns nicht an den Dittel des Hauses und traten hinein.

„Was schaffen's?" rief uns eine rechte hübsche weibliche Bedienung entgegen.

„Zwei Tebschen Beiersches!" schrie ich, aber das Mädchen sah mich an und lachte und sagte, ich sollte doch deitsch reden und ich besann mich jetzt schon, daß wir Sacksen doch nur das reine Hoche Deitsch reden un die Beiern mehr niedrig deutsch. Aber Herr Malzhuber warf sich in das Mittel und bestellte für uns zwei Maaß.

Die erste Merkwirdigkeit bei den beierischen Bier fiel mir auf, daß die Biergläser alle aus Ton und Tepferarbeit gemacht sind, jedoch hat dieser rohe Kulturzustand einen angenehmen Geschmack und ist auch kühler als bei uns.

Herr Malzhuber erzählte uns nun die ganze Merkwirdigkeit von Nirnberg, welches ich mir genau notirt habe.

Nirnberg soll nämlich schon mehrere tausend Jahre vor Christus unter einem anohnimen Namen geecksistirt haben und ist dann nach der Völkerwanderung an die Franzosen gekommen. Im dreißigjährigen Kriege sollen es wieder die Engländer eingenommen haben, bis endlich durch Karl den Großen gleich nach dem siebenjährigen Krieg die ganze Stadt an Beiern fiel, weil der damalige Kaiser von Beiern schon mit Wallensteinen die Hunnen hatte aus dem Lande vertrieben.

Die Hauptsache von Nirnberg aber das sind die verschiedenen Erfindungen, welche man hier erfunden hat. Da hat also ein gewisser Heller die tragbaren Sonnenuhren mit Schlagwerk entdeckt, welche man später unter dem Namen: Nirnberger Eier verkaufen that. Dann hat einer die ersten Knöbse dort erfunden, welches auch eine Wohlthätigkeit für die ganze männliche Helfte der Erde ist. Der Erfinder dieses Fortschritts hieß Ebener und nahm zuerst Messing dazu, welches er auch entdeckte. Auch die großen Trommeln sollen in Nirnberg erfunden geworden sein, die Windbüchse, die Claranette, die Speiseleffel und eine Menge anderer musikalischer Instromente ähnlicher Art. Auch die beriemten Nirnberger Trichter sind hier von einem Schumacher und Zeitungsretaktehr Namens Hanns Sachse erfunden, doch kommen diese gar nicht in das Ausland, weil nicht einmal für den Stadtbedarf genug kennen anverfertigt werden, wovon man aber im Allgemeinen eigentlich immer nur wenig bemerkt.

Kohle machte auch die Beobachtung, daß vor mehreren Jahren ein Maler mit Namens **Albrecht Thürer** hier gelebt hat, der einige recht leibliche Sachen soll gemalt haben, die er dann allemal in Holz ausgeschnitten hat. Jedoch hat der Maler Kohle die wiederholte Bemerkung gemacht, daß Thürer in seiner **Kohleratur** nicht immer die richtigen Farben nähme.

Herr Malzhuber machte große Augen, wie er meinen Meister Kohle so gelcert sprechen hörte und dann nahm er den Hut ab und sagte: „Ah, der Herr versteht sich wahrscheinlich auf den Rummel."

„Ja wohl, ich bin Kinstler in der verwägentsten Bedeitung dieses Begriffes", sagte darauf Kohle und hierauf tranken wir wieder weiter.

Aber wie wir nun so immer weiter tranken, da merkte ich doch, daß das Tittelblatt von dem Bierhause dennoch nicht gelogen hatte, wenn es sich Himmelsleider nannte, denn ich merkte, daß ich mit jedem Schlucke immer seliger werden that. Wir umarmten einander alle dreie und freiten uns vielfältig wie wir hörten, daß der dicke Herr Malzhuber auch auf die Ausstellung nach Minchen reisen wollte.

Wir blieben also bis zur Abfahrt in diesem Himmlischen Hause, weil uns Herr Malzhuber sagte, daß es für den Reisenden von ausgebildeten Durst und geistlicher Besähigung in Nirnberg nichts zu sehen gäbe, als die Himmelsleiter.

Kohle war etwas benebligt und jubelte sehr laut, weil er durch das Biertrinken sein Zahnreißen verloren hatte, warum er den Wirth bat, doch künftig sein Bierhaus neben Himmelsleiter auch noch zum **Reumanntismusableiter** nennen sollte.

Zur allgemeinen Befriedigung verließen wir diese schöne Stadt und Kohle sagte, daß er das Nirnberger Flaster nicht gut vertragen könnte, weil es ihm sehr wackelig vorkam.

Auf der Weiterreise berührt man noch verschiedene Städte, doch zeichnet sich besonders dabei Nerdlingen aus, wo vor achthundert Jahren im dreißigjährigen Kriege die große Schlacht war. Dabei sind damals so viele Todte umgekommen, daß man noch heitzutage aus ihren Knochen Leim siedet, so daß also von Nerdlingen aus die ganse Welt mit Leime überzogen werden kann. Die Ausfuhr von diesem Arbickel ist jetzt verboten, weil es in Deitschland so viel zu **leimen** giebt, daß die Knochen aus den dreißigjährigten Kriege gar nicht mehr hinreichen werden. Man sieht dahieraus gans beitlich, daß es immer muß einen dichtigen Krieg geben, wenn etwas orbentlich soll geleimt werden.

Von andern eßbaaren Gegenständen sind in Nerdlingen auch noch die Käse, Würste, Kammacher und Schuster beriemt.

In München.

Endlich gelangten wir in München auf dem Bahnhof ein und meine erste Anfrage war nach Fritzen, indem dennoch meine väterliche Liebe durch die Zichtigung nicht gans verdambst war. Aber wer kann sich meine Schreckhaftigkeit denken, als ich höre, daß nichts nicht von Fritzen zu hören ist. Es wollte ihm auch Niemand nicht aussteigen haben gesehen, wodurch ich sermlich serzweifelte. Da hörte ich auf einmal in den einen Backwagen noch etwas stehnen und seifzen und da andre Thiere nicht in solche Art von Wagen getransbertirt werden, schreie ich sofort: Dieses kann nur Fritze sein!

Der Wagen wurde nun eröffnet und da fand ich den armen unglücklichen Sohn ganz breit gekwetscht zwischen zwei große Kisten gedrickt. Da er jedoch noch vollkommen wohl erhalten war, so legten wir ihn auf die Seide und drickten ihn wieder in die beliebte menschliche Fahsonk. Ein Baar Tebschen Beierisch, was man aber hier nur immer eine Maaß oder eine Halbe nennt, brachten seine völlige Lebensbegeisterung

wieder zu Verstande und wir verließen als ein zufriednes Familichenbild den Bahnhof, dessen übrige argidecktohnische Verheltnisse ebenfalls sehr friedliebend auf die menschliche Natur einwirken.

Diesen schönen Moament hat Kohle aufgefaßt.

Der gute dicke Herr Malzhuber, welcher in Minchen gut Bescheit weiß, hat uns balde zu einem angenehmen Brühfabloschimank verholfen, indem jetzt Jedermann Alles vermiethen thut was er hat. Unser Wirth ist eine sehr zahlreiche Schneidersfamilie, welche sich wehrend die Zeit der Indebustrieausstellung ganz hinauf in eine Botenkammer gepflichtet hat.

Nachdem wir uns eines sehr erkwiklichten Schlafes erfreit hatten und wie sich der Maler Kohle ausdrickte in die Arme des alten lateinischen Götzen Mohrfeist endschlummert waren, gingen wir hinauf zu unserm Wirth. Aber wie erstaunten wir, als wir in dessen einstweilige Wohnung traten.

Diese bestand nämlich ganz oben auf die letzte Trebbe in einer Kammer von ungefehr zwelf Kuhwikfüssen Flecheninhalt wie der Maler Kohle sagte und da wohnten zwei Aeltern nebst elf Kindern. Der Vater schlief in eine kleine Kinderwiege, an der Aerme und Beine an allen Seiden hinaushingen. Die Mutter saß beim Schlafen in einem leeren Bücherschranke unten, wo sonst gewehnlich die dicken Kwart- und Fohliobände stehen. In den großen Oktavbandsache schliefen die beiden ältesten Knaben, darüber in klein Oktaf die Tochter von zähn Jahren und oben im Thuodöz schlummerte der Seigling. Ein Knabe von finf Jahren saß mit dem größten Theile in einer lederenen Hutschachtel, aus welcher nur noch Kobf und Beine heraussahen. In einen lehren Faße ohne Boten und Deckel schliefen ebenfalls zwei Familichenmitglieder. Die übrichten Kinder waren auf eine ähnliche Weise vertheilt in Kasten und sonstigen dazu verbrauchbaren Wirthschaftsgegenständen.

Als wir eintraten, wurden gleich die zwei Kinder aus dem Fasse geschüttelt und der finfjährige Junge aus die Hutschachtel geworfen und sollten uns diese Gegenstende als Sitze bienen, indem an keinen Stuhl hier oben nicht zu denken war.

Der Schneider entschuldigte sich, daß es hier etwas enge zugehen thäte, daß dieses jedoch nur einige Monate dauern wirde, bis die Ausstellung alle wäre. Ich hatte mit Kohlen auf dem Fasse Platz genommen und Fritze saß auf der Hutschachtel, welche jedoch sein Gewicht nicht vertragen konnte und

auf einmal nach allen Seiden auseinanderplatzen that. Ich gab Fritzen eine Ohrfeige und entschuldigte mich alsdann bei dem Schneider über diesen Unglücksfall in seinen Möbelmank, doch sagte er mir, daß dieses nicht viel ausmachte, da sein Finfjähriger eben so gut in einem alten eisernen Ofenkasten schlafen kennte, welcher noch nicht benutzt war und dortstand und eichentlich für diese warme Jahreszeit viel kihler wäre, als die Hutschachtel.

Nachdem der Maler Kohle in seinem Album eine Schkitze von dieser heislichen Familichenzene gemacht, entfernten wir uns, weil uns Herr Malzhuber zur Indebustrieausstellung abholen wollte.

In der Ausstellung.

Da wir uns Alle so sehr für Kinste und Gewehrbe indrehsirten, so wird man es nicht bewundern, daß wir zuerst in den Glasballast eilten, ohne uns München als Stadt erst anzusehn.

Die Ausstellung ist ganz wie in London diese es war, von Glas und Eisen, welches sogar soweit geht, daß selbst die hölzernen Thiren von Eisen sind. Wenn man nun also eintritt, so steht man vor einer eichenthümlichen Maschienerie, welche den alten Inkwisizionsmarberwerkzeichen nachgebildet ist und hier als Billetausgabe dient. Es ist dieses nämlich ein langer Schrank mit ganz enge Oeffnungen, wo nur Einer auf einmal durchkann, worauf man an die Kasse kommt. Hat einer nun wenig Familiche, so kostet es dreißig Kreitzer, wenn aber Einer **zehn oder noch mehr** Kinder hat, so lassen sie ihn schon für einen Zwelfer hinein. Oben an den großen Schranke steht aber das Motto der Indebustrieausstellung:

Hier wird nicht gewächselt!

Hat man nun bezahlt, so drickt der Kassirer an eine geheime Feder, worauf man einen Stoß bekommt, daß Einer bis in die Mitte von die Ausstellung hineinfliegt. Dieses sind die sogenannten Drehkreize, welche ebenfalls auch noch aus die

sbanische Marderwerkzeuge herrihren und eben so unmenschlich
als wie practisch sind.

Ich, Fritz und der Maler Kohle mit sein Schkitzenallbumm
waren nun schon glicklich angelangt, als wir hinter uns ein
firchterliches Geschrei hörten, wir drehten uns herum und sahen
mit Endsetzen, daß unser guter dicker Freind Malzhuber in
den einen Kasseneingang festgeklemmt war und weder rückwerts
noch vorwerts konnte, weil der Durchgang zu enge war. Wir
gingen hin und gaben uns alle mögliche Mihe, damit daß
wir ihn durchziehen wollten, allein es ging aber nicht, ob=
gleich von die andere Seide ein Baar hundert Menschen alles
anwendeten, daß sie ihn durchschieben konnten. Jetzt kamen
noch einige hundert Ausstellungsaufseher hinzu und griffen auch
mit an, allein auch umsonst. Endlich wurde ein Bericht an

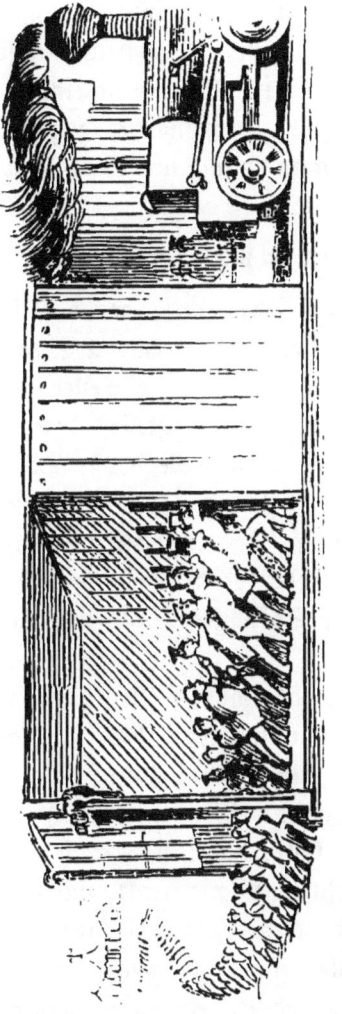

die Ausstellungsdebutazion gemacht, worauf auch sofort in Zeit von einigen Stunden die Antwort kam, daß man sollte eine vierzigkräftige Ferdedampfmaschine aus den Saale herbei schaffen und diese an Herrn Malzhubern vorspannen. Dieses geschah nun auch und bald hatte mit Gottes Hilfe und vierzig Ferdekraft Malzhuber den Kassenkwetschschrank verlassen. Nachdem er sich auf diesen Schreck ein bischen erholt hatte, sezten wir unsere Wandrung fort.

Als wir eben weiter gehen wollten, kam auf einmal ein Aufseher uns nachgelaufen und hielt den Maler Kohle am Kragen fest, indem er sagte: „Mein Herr, wollen Sie gefälligst Ihren Stock dort ablegen." Allein dieses war gar kein Stock, sondern nur einer von Kohlens Reisebleistiften, welche drei Füsse lang waren, damit daß sie ausreichen sollten. Kohle hatte sich diese Stifte nach seiner eichnen Kunstidee machen lassen; der Aufseher sagte jedoch, daß die Münchner ihre ganz eichnen Kunstideen hätten und daß dieses mehr ein Spazierstock, als weniger ein Bleistift wäre. So mußte benn also Kohle seinen Bleistift in die Gatterobe abgeben. Er nannte dies: eine abweichende Ansicht der siebdeutschen Schule.

Die ganze Ausstellung ist in mehrere sogenannte Gruppen vertheilt, welche wir die Reihe nach besuchten, warum ich sie auch so beschreiben will. Gruppe ist nämlich ein lateinisches Wort und heißt: wo Alles so sehr durcheinander seeparirt ist, daß sich Keiner nicht hineinfinden kann und auch nicht heraus.

I. Gruppe. Mineralichen und so weiter.

Nun aber dann hört doch auch Alles auf, wenn dieses soll Indebusterie sein. Da hatten Mehrere ganz gemeine Steine, alte Ofenblatten, altes Eisen, Bläch, Sand und so weiter hingeschickt, doch hatte man dieses auch so aufgestellt, daß es Keiner nicht ansehen that. Vorne an stand eine große Säule aus schwarzem Salze, welches bei fürstlichen Höfen gegessen wird, wenn Einer gestorben ist und die Andern wollen dadurch ihre tiefe Trauer anzeigen. Wie grade der Aufseher uns den Ricken zuwendete, da haben wir die Salzsäule beleckt und uns von der Wirklichkeit überzeigt.

Dann hatte auch Einer zum Sbas ganze Fässer gemeines weißes Salz geschickt, welches aber ein dummer Sbas ist, denn Salz ist doch niemals keine Kunst nicht und hat nur Werth, wenn noch etwas Pfeffer und Fleisch mit Gemise dabei ist.

Noch Mehrere hatten sich den schlechten Witz gemacht und ganz ordenehren Torf und Steinkohlen, Mauersteine und ähnliche Dummheiten hergeschickt, allein diesen sehr schlechten Witz hätte sich doch das Indebusteriekohlegium nicht gefallen lassen sollen. Hätten sie mich mit in die Debentazion aufgenommen, so hätte ich die Leite zur Thire hinausgeworfen, wenn sie mir dieses Zeig gebracht hätten.

———

Die II. Gruppe enthält: Landwirthschaft und ähnliche Roheiten und so weiter.

Doch hier konnte man sagen: es kam Einer aus dem Regen in die Drause, denn da war es auch nicht besser wie in die erste Gruppe, sondern es roch noch schlechter, weil diese nur Gegenstende aus den Thierreiche bildeten. „Gehört denn zum Beispiel Käse mit in eine Ausstellung?" so fragte ich Kohlen, allein dieser konnte mir nur mit einer lauten Achselzuckung antworten; Malzhuber aber meinte, daß er nur zum Biere gehörte und Fritze, welcher sich mit seinem Federmesser ein Stickchen abschneiden wollte, wurde von einem Aufseher auf die Finger geklopft.

Wieder ein Andrer hatte Schweineborsten geschickt, doch hätte ich mir als Ausstellung so eine Ansbielung gewiß nicht gefallen lassen. — Auch Hobfen gab es hier, der auch keine Indebustrie ist, sondern nur ein Gemise oder Gewirze. Ein Herr hinter uns sagte, daß der Malz unterwegs verloren gegangen wäre. Nun, darum ist es auch nicht schade.

Auch hatten Andre rohe Heite ausgestellt, wie zum Beispiel von Ochsen, Kihen, Schafen, welche von einem briefiligirten ächten englischen Lederfabrikanden aus der Gegend von Preißen und dort herum herrührten.

Da es für den Menschenfreind und Kunstkenner auch hier nicht viel Anziegliches gab, so wendeten wir uns an die

III. Gruppe. Jemische Brodukte und so weiter.

In diesen Gegenstenden zeigt sich doch wenigstens etwas mehr Bildung als in den bisherigen, allein der wahre Menschenfreind findet auch hier noch keine Beruhigung.

Erstens giebt es hier allerleihand verschiedene Medezinen, wie zum Beispiel Brechmittel, Durchfelle, Zahnschmerzen in Fläschchen, Essig und Oel (welches doch vielmehr zu den Salsbebartimank baste), Siegellack u. s. w.

Ich würde mich auch hier nicht lange aufgehalten haben, allein eine besondere Umständlichkeit brachte mich dazu. Vor einen ungeheiern Leimfasse stand nämlich ein sehr sonderbarlich gekleideter Mann, welcher immer so sehnsüchtig nach den Leim sah. Er trug eine hohe Belzmitze trotz die Hitze und einen

Burnuß, worin sich Kriegswerkzeige befanden, wie Säbel, Bistolen und Bateronen nebst weiten Bumbhosen.

„Entschuldigen Sie," frage ich ihn, „Sie sein wohl aber kein Minchner Birgerssohn?"

Da seifzte der Mann, sah mich erst lange an, dann sagte er: „Ach nein! hören Sie, ich bin ein russischer Unterbahn aus den tirkischen Feldzug."

„Oh, Sie Unglicklicher," sagte ich, „das sieht man Sie ibrigens gleich an, daß Sie nicht aus dieser Gegend zu Hause sein. Aber was wollen denn Sie hier?"

„Ich bin nämlich der **eine Gemeine**, der immer bei die Gefechte mit die Tirken ist **umgekommen**, wie Sie vielleicht in die Zeitungen werden gelesen haben."

„Ei ja wohl, das habe ich in den Pirnaschen Wochenblatt alle Tage gelesen," sagte ich. „Aber wie ist denn das möglich, daß sie so ofte hinter einander umgekommen sind?"

„J sehen Sie," sagte der gemeine Russe, „das ist ja nur ein Druckfehler in die russischen Blätter gewesen, wo solche Fehler ofte bassiren. Der Drucker hatte nämlich setzen sollen: Es ist nur ein Gemeiner **davon** gekommen, anstatt dieses setze er aber immer: Es ist nur ein Gemeiner **umgekommen**!"

„Ah so!" sage ich und nun ging mir auf einmal ein Licht über die russischen Zustende auf.

„Aber was wollen Sie denn nun eichentlich hier?" fragte ich ihn sodann.

„Ich möchte gerne aus Liebe zu meinem Kaiser das Vertrauen wieder etwas befestichen, welches anfengt wackelicht zu werden," sagte der Russe.

„Und mit was denn, wenn ich Ihnen fragen darf?" sagte ich.

„Mit den berimmten beitschen Leim," sagte er mit einer Threne in beiden Augen.

„Allein entschuldigen Sie," sagte ich, „wir haben doch

sonst zu unsre dieblomatschen Angelegenheiden in Deitschland lauter russischen Leim verbraucht!"

Da weinte der Russe noch ein Dröbschen und sagte: „Ach futschki warutschki! Unser russischer Leim ist jetzt zum Teifel!"

Dann schrieb er sich die Atressen von mehrere Nerdlinger berichtigte Leimsieder auf und verschwand in die rohen Heite der zweiten Gruppe.

Die IV. Gruppe ist für den Menschenfreind gewiß eine der indrehsandesten, indem als sie

Nahrungsmittel und Gegenstende zum bersöhn=
lichen Gebrauche und so weiter

enthelt.

Welchem Familienvater sollte da nicht das Herz mit ver= dopelter Geschwindichkeit schlagen, wenn er ein ganses gereichertes Spannferkel mit Salahmin gefillt erblickt? Und noch dazu, wenn dieses ein deitscher Landsmann, der Mannheimer Koch aus Eichstädt ist?

Gans in der Nähe giebt es herrliche Wirstchen mit Ge= mise, welches in vertrockneten Zustande sich befindet. Da ist ein Päckchen mit zweihundert Dassen Dresdener Fleischbrihe, welche nicht mehr Raum wegnimmt, als wie eine Nuß und deshalb Bullijon genannt wird. Daneben stehen vierhundert Borzionen Kasernensuppe, welche nur halb so viel Blatz ein= nehmen. Ferner giebt es versteinerte Leberwirste und sonstige Gegenstende, welche sich zur Volksnahrung eichnen.

Ob aber unter diese Ruhbrike auch Stiefelwickse mit ge= hört, wie dieses in den Katholog angezeichnet ist, so möchte ich mir doch die Bemerkung gefallen lassen, daß sich hiermit die geehrte Indebusterieausstellung geteischt hat, indem dieses nur bei Velkern wie Hoitentoden und so weiter vielleicht als Nah rungsmittel gelden kann. Ich glaubte, es wäre ein Versehen und ließ also Fritzen einmal daran mit der Zunge brobiren, allein es war wirklich nur Wickse.

Einen Ibelstand muß ich jedoch hierbei auch noch dem geehrten Glasballast vorwerfen; dieses ist nämlich: daß Einer alle diese Gegenstende, welche eben also nur auf den versöhnlichen Gebrauch bestimmt sind, immer nur soll ansehen und nicht kosten darf. Kann denn da nicht Dieser oder Jener zum

Beisbiel denken, daß obichtes Sbanferkel nur ein gereicherter Kater ist, welcher sich hier vor ein Sbanferkel ausgiebt? Auch sollte es mit den Ziegaren und Rauchtobake so sein, daß Jeder

sich dirfte eine Feife davon stobsen, denn es heißt: Was die Nase fihlt, das glaubt unser Gemiethe und was der Mund schmeckt, das geht in das Herze!

Es wirde also die Ausstellung viel bessere Geschefte machen, wenn es heißen thete: **Morgen frih werden Alle eingeladen, sich die IV. Gruppe wohl schmecken zu lassen.** So etwas zieht schon besser.

Kohle hat einen solchen Moament aufgefaßt und wäre dieser sehr zu winschen, weil auch in geistlichen Flüssigkeiten sehr beachtenswerthe Gegenstende sich vorfinden.

Von ganz besondrer Beachtung verdient genannt zu werden, daß die Ausstellung gleich neben die Speisen und Getrenke Lichter und Seife stellt, weil beides in den gebildeteren Brofinsen Rußlands als Theelikadesse gilt, wie mir jener gemeine Russe auch sagte, den ich wieder bei den Stöhrinlichtern vorfinden that, wo er sich mit den Ermel den Mund wischte, weil ihn das Wasser vor Abedit darin zusammengelaufen war. Er sagte mir, daß er mit seiner semtlichen Familiche oft von einen einzichten Wachsstock acht Tage lebte, daß aber dahingegen alldort Stöhrinlichter mit Essich und Wallfischdran ein großer Leckerbissen were.

Hierher gehörte auch eine besondre Merkwürdigkeit, welche aus einem Opelisken bestand von der Höhe eines niedrichen Kirchthurms und der von bloser Seife gemacht war, welche man schon aus großer Endfernung riechen konnte. Unten daran stand geschrieben:

Man kann die Einbildungskraft der Menschlich-
keit am Besten daran beobachten, ob sich Einer
mit Seife wäscht oder nicht.

Lieblich, Seifensüdermeister.

In dieser Art hat dieser Mann ganz recht und könnte man mit diese Seifenopelisken ganz Deitschland ein Jahr lang iber den Leffel balbiren, welches sehr gut anginge, wenn sie sich alle in eine Reihe stellten, und es führe ihnen dann einer mit viersbeniger Ecksbrahbost mit den Seisenopelisten unter die Nasen vorbei, so were ganz Deitschland auf einmal eingeschmiert. Daß es in der Nachbarschaft gute Bartschärer giebt, dieses hat die traurige Erfahrung oft mit Glick bestätigt.

———

Die V. Gruppe ist nur mit Maschinen gebildet, welches für den Dächnicker sehr belesrend ist, woriber das Motho steht: **Alles mit Dambfe und so weiter!**

Da muß es doch wirklich den Ferden Angst und bange werden, daß sie bald werden nur noch zum Versbeisen als Ochsen gebraucht werden kennen, denn es wird nicht mehr lange dauern, so macht man alles mit die Maschinen. Da steht immer angeschrieben: hundert, vierzig, neinzig Ferdekreste, welche so eine Maschine im Stande ist zu arbeiten.

Da gab es ein Dambfschnellpresse, welche einen Augsburger Buchhändler gehörte. Da brauchte man oben in ein großes Loch nur einen Schriftsteller hineinzuschitteln und drei Mal umzuwenden, da kommt auch schon unten ein fertiger Rohman in drei Bänden mit mehrere Vorreden heraus. Derselbe Erfinder soll sich auch bemiht haben, dazu eine Maschine zu kunstruiren, wo auch gleich die Leser und Keiser verfabriziert werden kennen thäten, allein dieses ist bis jetzt noch nicht gelungen, weil dazu die Ferdekreste immer noch nicht gereicht haben.

Von einer eben so großen kinstlerischen Merkwürdigkeit sind die Rähmaschinen, wodurch von nächsten Jahre an alle Schneidergesellen sollen abgeschaft werden. Da legt man ein altes Stück Zeig hin, dreht sich einmal um und in den nächsten finf Minuten ist schon der *schönste neie* Rock fertig. Diese Maschinen werden nicht nach Ferden, sondern nach Schneiderkräften gemessen und es gab welche dabei, welche mit hundert Schneidergesellenkraft arbeiteten. Eine andre sang sogar selbst

einige Liedchen dazu, wie: Oh Straßburg! Oh Straßburg! —
dann: Schneiderblut lustig Blut! — Der Ritter muß zum
blutigen Kampf hinaus! — Die Fahnenwache — und was
sonst noch für belibte Lider der Schneiderinnung eksistiren.
Man soll auch von den Frankfurter Bundestage den Erfinder
dieser Maschine eine Bremiche ausgesetzt haben, weil durch die
Abschafung der Schneidergesellen auch die demografische Resel=
luzion einen Stoß vor die Brust gekriegt hat, indem daß die
Schneidergesellen stets die Spitze der Bewegung bilden thaten.
Da jedoch das Ausstellungskohlegium sich einen Angriff von
die gesammten Schneider Cirobas vermutete, so hat man unten
in den Glasballast zwei große Kanonnen hingestellt, damit daß
man die Anstirmenden empfangen kann. Vorsichdichkeit ist zu
allen Dingern nitzlich!

Daß man jedoch aber einen Lehnstuhl, auf dessen Sitze
ein großes rundes Stick fehlen thut, auch mit unter die Ma=
schinerien setzt, dieses finde ich unbassend und bringt es be=
sonders die Aeltern in Verlegenheid, welche von ihren Kindern
gefracht werden, wozu man denn diese sonderbare Art von
Maschinen benutzen thete.

Unter diese Gattung gehert auch ein Fernrohr oder Du=
wus von einer gewissen Frau Hofern, welches sich durch seine
kohlossale Endfernung auszeichnet. Man sieht nemlich dahin=
durch auf mehr als zähn Jahre in die Zukinsdichtheit. Ich
bat um die Geselligkeit, auch einmal durchsehen zu dirfen.
Erst war alles gans schwarz und wenn sich das Auche an die
Dunkelheit gewehnt hatte, wie der Eichenthiemer sagte, dann
thete man Alles sehen. Ich blieb wohl eine Viertelstunde
daran stehen, allein es blieb immer dunkel und auch Malzhuber
und Kohle und Fritz sahen eben nur eine ziemliche Schwerz=
lichkeit. Als ich das dem Manne bemerkte, lechelte er und
sagte: daß nicht Jeden sein Auge vor die Zukunst eingerichtet
were. Kohle wollte darauf grob werden, allein ich sagte ihm:
„Lieber Maler Kohle, der Mann hat Recht, aber wenn Sie

wollen, so kennen wir der Frau Hosern unsere stille Achbung entziehen, wodaburch sie einen bedeitenden Verlust leidet, zumal da dieses Sperrspecktief eichentlich mehr unter die Instromende als unter die Maschinen gehert.

Auch giebt es verschiedene Lokimotischen für Dambswagen in dieser Abtheilung, worunter einige zum Briefadgebrauche bestimmt sind und soll auch sbeter, wenn es mit die Ausstellung nicht mehr recht gehen will, auf das eine Lokimotischen, welches ein Einsbänner ist, Vergnigungsfahrten in die ganse Indebustrieausstellung gemacht werden. Dieses zieht gewiß viele neie Zuschauer hinzu.

Da jedoch Einer aber schon ein bracktischer Teolochikus sein muß, wenn er etwas von die semmtliche Maschinerie versteehen will und dieses mehr oder weniger gar nicht bei uns der Fall war, so wendeten wir uns in die

VI. Gruppe, welche nur aus Instromenden und so weiter besetzt ist.

Welche Fortschritte in die viehsikalische und jemisch-musikalische Wissenschaftlichkeit in den letzten baar hundert Jahren gemacht worden sind, dieses kann man in dieser Abteilung sehr deitlich sehen.

Ju die Astrohmonie, oder die Kunst die Sterne zu begucken, sind solche Entdeckungen gefunden worden, daß einen unbarteiischen Beopachter die Haare zu Berge stehen kennen, wenn er nicht etwa eine Berücke tragt, auf welche letztere bis jetzt noch keine Wissenschaft nicht keinen haartreibenden Eindruck hat hervorbringen kennen. Mit das eine Fernröhrchen, welches zum Nachtgebrauch eingerichtet ist, soll man haben in stillen Abenden oft den Mond die Hende über den Kobf zusammenschlagen sehen, wenn dieser, nämlich der Mond, noch jetzt die Menge unausgebackter Kisten vor die Indebustrieausstellung liegen sieht. An eine obdische Teischung kann man in solchen Fellen gar nicht glauben.

Daneben standen Niewellirmaschinen, welche ich mir aber nicht recht erkleren konnte, warum ich mich an den Künstler und Maler Kohle wenden that. Dieser sagte:

„Eine Niewellirmaschine ist, wenn etwas so fein gearbeitet ist, daß man es gar nicht erkleren kann. Es wird jedoch auch noch zu andern Zweckmäßigkeiten gebraucht."

Obgleich mir diese Erklerung noch etwas dunkel schien, so verstand ich doch Kohlen vollkommen, was er damit sagen wollte. Eine solche Niewelle war so zart, daß man ihr ein Sonnenschirmchen dariber gemacht hatte.

Sehr imbohsand machen sich auch die vielen musikalischen Biannofortes und Flegel. Da dieses die einzichten Gegenstende in der gansen glasballästernen Ausstellung sind, welche man anriren und brobieren darf, so bleibt in dieser Gallerie Alles stehen und fehrt mit die Finger auf die Dasten hin und her, weshalb ein furchtbarer Lerm entsteht, welches man mit den musikalischen Kunstausdruck U w e r t h i e r e belegt. Je toller und je verrückter es klingen that, desto mehr endsbrach es den Ansbrüchen der Neizeit und es waren eine Menge modärne Kammbonisten anwesend, welche sich es aufschrieben, wenn es so recht durch einander ging, was sie dann zu ihren neuen Opern benutzen wollten.

Da sich Alles hier mit Musik beschäftigte, so setzten wir uns auch alle Viere vor ein großes Klafier, wo wir alle auf einmal darauf herumtapsten, welches einen sehr schönen Eindruck machte. Einer hinter mir fragte, ob dieses von uns eine freie Pfandasie were, worauf wir uns alle bescheiden verbeigten. Als wir von unsre Stühle aufstanden, kamen gleich wieder eine Menge anderer Leute, welche auch alle musiziren wollten, so daß immer einer auf den Andern warten that.

Wenn man nun aber diese Sachen anriren und brobieren darf, so sollte man auch dieses bei allen andern dürfen, besonders bei die v i e r t e G r u p p e mit die Lebensmittel, Tabak und Getrenke.

Als wir hierauf auch einige Bosaunen, Flöhden und andre Seiteninstromende brobieren wollten, wurde der beopachtende Aufseher sehr grob und unannehmlich.

Im Allgemeinen befriedichte uns diese Abtheilung sehr, bis gans zuletzt, wo wir an eine Sammlung hessischer Lichtputzen kamen. Wenn wir nun auch alle recht gerne gar nicht zweifeln, daß man sich in Hessen vorziglich auf das Lichtausputzen versteht, so gehert dieses doch nicht unter die Musik.

Auch bei die gieruhrgischen Artikel gab es mehrere, welche der anstenbige Menschenfreind nur mit Erröthen betrachten konnte, indem die Bumbwerke, womit die Kranken von der Rickseite kuhrirt werden, doch nicht eichentlich hier mitten unter ein angesehenes Bublikum gezeigt werden sollten.

Gans zuletzt bei diese Gruppe wo die ärztlichen Heulmittel standen, konnte man auch einige Motelle zur deitschen Schiffsflotte erblicken, doch war gerade in dieser Abtheilung so viel Wind und Zugluft, daß Einem das Wasser leicht in die Augen treten konnte.

Den meisten Wind machten jedoch die Orgeln, welche auch noch hierher gehören und worauf zuweilen einige zeitgemäßigte Stückchen vorgetragen wurden. Nichts konnte hingegen hierin die große Orchelseise übertreffen, welche auch mit aufgestellt war; sie war ziemlich so dick wie Herr Malzhuber und hatte die Lenge eines ziemlich ausgewachsenen Dorstkirchthurms.

Allein gerade an dieser Stelle war es, wo wir leichte hetten ein bedeitendes Unglick nehmen können. Wir standen vor dieser Riesenseise und betrachteten dieses Wunderwerk, allein Kohle sagte, daß er sich mißte die Sache auch einmal von oben ansehen, weil er dachte, es were noch ein Betrueg babei. Und so eilte er nun auf die oberste Gallari, wo man oben in die Orchelseise hineinsehen kann. Als wir einstweilen unten verblieben, hörten wir auf einmal ein plötzliches Rasseln und Donnern in der Feise und gleich darauf echzte und stehnte es ganz firchterlich in ihr. Da man dachte, daß die Feise vielleicht

auf einmal iberschnappt were, welches man schon erlebt hat, so lief Alles so rasch es ging fort und suchte sich zu retten. Auch wir wollten fliehen, als ich nun eine Stimme in der Feife höre, welche mir zurief: „Graf, thuen Sie mir den einzichten Gefallen und holen Sie mich heraus. Ich habe oben zu weit hineingesehn und bin dadurch in das Loch gefallen."

Wie die Umstehenden die Orchel sbrechen hörten, da ließ sich keiner nicht mehr erhalten, sondern sie dachten alle, daß da drin mindestens der Teifel sitzen mißte. Ich merkte hingegen sofort, daß dieses kein Anderer nicht als Kohle war, welcher hineingerutscht war, da man auch noch unten an den Luftloch Kohlens Nase und Augen sehen that.

Hier war jedoch guter Rath theier, denn umstirzen konnte man die Feife nicht, weil sie so feste angemacht war und absägen, dieses litt der Eichenthiemer davon nicht. Kohle jedoch jammerte darin ganz firchterlich, als ich plötzlich auf ein Mittel kam. Wir und einige Zuschauer, welche sich Muth geschebst hatten, setzten jetzt rasch den Blasebalch in Bewegung, wovon ein so heftiger Wind entstand, daß die Feise fürchterlich zu brummen anfing und mit einem entsetzlichen Thone Kohlen in die Höhe trieb und oben wieder hinausblies.

Kohle wollte schon für seine Rettung auf die Knie fallen, als ihn sogleich die Ausstellungskomitthee beim Krachen nahm und ihn arritiren that, weil er sich zu tief in fremde Angelegenheiten gemengt hatte.

Wir mußten daher traurig unsern Weg allein weiter fortsetzen.

Die VII. Gruppe endhelt Weberwaaren und Bekleitungsgegenstände und so weiter, doch muß Einer hierzu gradezu ein Schneider, ein Schuster oder ein andrer Geleerter von diese Fachwissenschaftlichkeit sein, wenn Einer hierdavon sich ein Beisbiel nehmen soll.

Merkwirdigkeiten gab es jedoch auch hier einige, wie unter andern Lederschuhe, welche gans aus Holz gemacht waren; einen Rock, auf welchen der Schneider quarantirt hatte, daß niemals kein Knobf nicht abreisen konnte, was jedoch eine Lige ist.

Auch in dieser Hinsichtlichkeit hat man wieder neie Erfindungen gemacht, indem man anfengt, Kleider und Mitzen von Feierschwamm zu machen. Wenn dieses nun auch nicht eben sehr anstendig aussieht, so ist es doch bracktisch, indem daß man in Winter, wenn es recht kalt ist, seinen Rock oder die Mitze anbrennt und dann mir dieser heizbaaren Gatterobe sbazieren gehen kann.

Wir waren semmtlich sehr niedergeschlagen, weil wir unsern Kohle noch immer nicht wieder bei uns haben thaten, indem daß dieser immer noch von der Commission in Arrest behalten wurde.

Wir schlichen daher von jetzt an ganz betribt Einer hin-

ter den Andern her und beobachteten nicht was um uns vor=
gehen that. Deßhalb schenkten wir auch der
VIII. Gruppe mit Medallwaaren, Waffengeräthen
und so weiter keine Aufmerksamkeit nicht, weil ich ohne=
dieses als ein friedlichliebender Staatsbürger mich nicht mit die
blutgierichen Waffen befreinden werde können.

Die IX. Gruppe bestand wieder aus sehr vielen Gegen=
stenden, welche man noch gar nicht mit diesen Namen belegen
dürfte, weil doch wirklich Pfenigthonpfeifen, Maurersteine und
alte Oesen nicht unter Stein= und Glaswaaren und
so weiter gehören. Und daß man nachgemachte Edelsteine
hier mit ausstellt, dieses ist doch wohl auch vielmehr eine
falsche Betriecherei als wie eine Indedustrie.

Als wir an die X. Gruppe von verschiedenen Waa=
ren und so weiter anlangten und eben in den stillen Be=
trachtungen einiger Binsel vertieft waren, hörten wir plötzlich
einen hinter uns kommen und selbst Kohle konnte es nicht
ausmalen, welche Freude wir empfanden, als wir ihn ankommen
sahen, uns wiedergegeben in die Arme lagen und vor Glück=
seligkeit weinten. Außer einige Briche in seinem Hut und
verschiedene Vorwirfe für seine Neigierigkeit von die Debetazion
hatte Kohle keine ernsthaften Beschädigungen erlitten.

Einen großen Kunstgenuß gewehrte uns die neue Minch=
ner Erfindung, daß sie nämlich die gemeinsten Flastersteine
jetzt bemalen, welches der Stadt ein sehr freindliches Aussehen
geben wird.

Nicht weit davon um die Ecke war das ausgestobfte Thir=
reich, woselbst man die unverninftigen Geschöbfe in ihren ge=
heimen Verrichtungen aufgefaßt hatte. Da helt zum Beispiel
ein Fuchs Vorlesungen über Staatswissenschaftlichkeit und Ein=
kommensteier und hette ich nicht gedacht, daß die Thire es in
der Bildung auch schon bis zu diesem Grade gebracht haben,
wo doch eichentlich schon der Sbaß aufhört. — Daneben sangen

acht Katzen einen Schweinchen eine Ariche aus die Nachtwandlerin vor und obhingegen man gar nichts nicht davon hörte, so klang es doch viel schöner, als wenn bei uns in die Damentheedanksangse Sporteljchreibers und Birgermeisters Töchter Streichkwartettmusik singen; man nennt dieses Letztere Männergesenge, weil sie gern damit welche kriegen wollen, allein an so alte Musik beißt keiner nicht an.

Einer hat auch aus Zindhelzchen verschiedene Landeswappen gebildet, welches sich recht nett macht. Friher soll auch der deitsche Reichsadler in dieser Kunstructzion dagewesen sein, welcher aber neben die andern Wappen pletzlich durch Berictzion oder Reibung in Feier aufgegangen ist. Dariber darf sich Keiner nicht wundern, denn dieses ist in die Wirklichkeit auch schon oft bassirt, daß Deitschland in die ibrigen deitschen Staten ist aufgegangen.

Die XI. Gruppe besteht aus Pabier und ähnlichen Materialichen und so weiter.

Da dieses meistentheils ganz in Kohlens Fach einschlug, weil er doch bei seinen Metigeh als Kinstler viel Pabier verbraucht, so betrachtete er sich Alles sehr genau. Angreifen durfte er aber auch nichts, denn der Vorsteher von dieser Gruppe, welcher in einem bärtigen Mann mit einer drohenten Fisichohnomie nebst Brille bestand, fickfirte Kohlen immer mit stechende Blicke. Da sagte endlich Kohle einmal zu den Herrn: „Hören Sie, dieses weiße Pabier allhier scheint mir sehr — braun!" Da aber wurde der Vorsteher fuchswilde und schrie: „Mein Herr, werden Sie nicht anziglich; hier bei uns kann Jeder frei und offen seine Meinung äußern, aber wer etwas tadelt, den werfen wir hinaus!" Kohle verbeigte sich stumm und wir drickten uns, doch hat dann Kohle auch diesen Moament aufgefaßt.

In dieser Abteilung hatte auch einer eine rechte Ueber=
treibung angebracht. Nämlich eine Landkarte von Baiern,
welche fast so groß war, wie ein ganzes Haus. Weil der
Herr Pabiervorsteher so mahsif war, so sagte ich gar nichts
nicht dariber, aber ich weiß doch die Sache besser, daß dieses
eine Aufschneiderei ist, denn ich habe den beriemten Stiehler=
schen Handablaß, wo sämmtliche Gehografie angegeben ist,
nach der Natur aufgenommen und alldort ist ganz Baiern nicht
größer als wie ein Kwartblatt in die Kwere genommen und
hier will Einen Einer weiß machen, es were so groß, daß es
nicht einmal in den Pirneschen Rathhaussaale Blatz hatte.

Mit achselzuckender Bedauerlichkeit verließen wir diese
Abteilung.

Die XII. Gruppe besteht nur aus g e b i l d e t e n K u n st=
w e r k e n u n d s o w e i t e r.

Da gab es nun sehr verschiedene Statieen, welche beriemte
Versohnen vorstellten, die Niemand nicht einmal kannte. Da

waren zweie, ich glaube sie hießen der eine Käfersohn und der andere Henneri oder so ähnlich, wo uns keiner nicht sagen konnte, wer diese waren. Einer sagte, es weren ein baar anonihme Gelehrte; ein anderer sagte, daß es zwei Generale inkongido weren, aber nichts Gewisses wußte Keiner nicht. Als ich aber hörte, daß es für Amerika war, beruhigte ich mich, denn das wußte ich, daß man in Deitschland stets nur solche Leite aushauen läßt, die man allgemein achtet und verehren thut.

Da man aber bei uns schon so viele beriemte Leite gegossen und ausgehauen hat, daß es jetzt keine mehr giebt, die es verdienen thäten, so wendet man sich an das unverninftige Thirreich und setzt bissigen Hunden, Hirschen, kleinen Kindern ohne Kleider und ähnlichen ungebildeten Gegenstenden Denkmähler, wovon man auch in die Ausstellung sehr viele konnte sehen.

Ein Minchner Kunstkenner belehrte uns, daß man die übrigen Bildhauerarbeiten im Bereiche der bildenden Kunst, nämlich die Mihlsteine, einstweilen in den Garten neben an gestellt habe und daß sie erst speter in diese Gruppe einarankschirt wirden.

Die XIII. Gruppe bilden die vielen noch unausgebackten Kisten mit Gegenstenden aller Art.

Unser lieber Begleiter und Reisegefährde Malzhuber, welcher ein geborener Beier war und zwar aus Niederbeiern gebierticht, wendete sich jetzt an einen Herrn von die Verurtheilungs-Commission in die Indebustrieausstellung mit die Frage, warum es denn käme, daß aus Niederbeiern so wenig Gegenstende hierselbst anwesend weren? Da lechelte der Herr hehnisch und sagte, daß draußen in die unausgebackten Kisten noch etwas von dorther mit dabei wäre.

„Und was denn?" fragte Malzhuber.

„Etwas für die Rohbrodukte, eine ganze Kiste mit Vatermerdern!" entgegnete der Herr und verschwand.

Da wir dieses etwas unklar fanden, so gingen wir nach kurzen Besinnen in

die XIV. Gruppe, welche den Glans des Ganzen bildet und aus der Bier= und Speisewirthschaft besteht.

Dieses ist jedenfalls der Platz, wo jeder Gewehrbetreibende etwas für seinen Geschmack findet und wo auch der Menschen= freund die größte Befriedichung sucht. Hier genießt man neben guten Bier die Besichdichung des ganzen Gebeides und ein leiser Abendwind spielte mit den Waffer der Fondänen, welche ihre Nebel auf die umherstehenden Zuschauer streien.

Nachdem wir in dieser Abteilung lenger als in andern Zweigen der Indedustrie verweilt hatten, welches jeder Kunst= kenner ebenso macht, verließen wir den Glaspallast.

An der Thire, wo wir hinausgingen, stand ein recht heßlicher Mann, der uns eine Verbeigung machte und sagte: „Meine Herrschaften, wenn es Jhnen gefallen hat, so kommen Sie bald wieder und empfehlen uns Jhren Freinden zu gitigen Besuch, damit daß wir beffere Gescheste machen als jetzt."

Kohle mußte jedoch erst noch zurück, indem er seinen Reisebleistift holen wollte, welchen sie vorhin als einen Spa= zierstock angesehen hatten. Als er ihn hatte, bedankte er sich für die Geselligkeit.

„Bitte sehr, es macht drei Kreitzer!" sagten sie ihn.

Mit einen langen Gesichte zahlte Kohle, und wollte gegen= über aus den Ausgang hinaus. Dort hielt ihn jedoch der Aufseher auf und sagte: „Mit einem Stock dirfen Sie nicht hier gehen, da müssen Sie dort hinaus oder ihn erst abgeben, ehe Sie hinausdirfen."

Kohle versuchte es an eine andere Thire, wo sie ihn dasselbe sagten: daß er erst seinen Stock abgeben mißte, wenn er hier herumging, denn daß er hinaus wollte, glaubte Keiner ihn nicht.

So lief Kohle wie ein gehetzter Reebock von einer Thire

an die andre, wo man ihn überall mit den Stock nicht hinaus=
lassen wollte, bis er endlich an der einen den günstigen Augen=
blick abwartete, wo er den Aufseher über den Haufen werfen
that und hinausstirzte, wo wir ihn schon seit einer Stunde
erwarteten.

An dem nächsten Morgen begannen wir unsre Wandrun=
gen in die Stadt Minchen. Ich hatte eine Reisebeschreibung
von der Stadt bei mir, Fritze mußte den Blan von Minchen
tragen, damit daß wir uns auch ohriechenthieren konnten und
Kohle trug sein Schkitzenalbum nebst einen von seinen Ecksbra=
reisebleistiften mit sich herum.

Malzhuber trennte sich sogleich an den andern Tag von
uns, indem er ein Loschimank in einen Breihause gefunden
hatte, da er sich hier in Minchen nur den eifrigsten Bier=
studichum verwidmen wollte.

Das erste Gebeide, welches wir auf unserer Landkarte
von Minchen aufsuchten, war das Hofbreihaus, da wir uns
vorgenommen hatten, das Bier zuerst in einen keniglichen Hause
zu trinken, von welchen noch dazu in die ganze Welt mit so
viel Rhum gesbrochen wird. Nach vielen Versuchen und durch
winkeliche Gäschen kamen wir endlich an einen Blatz, wo uns
Einer sagte: „Da driben rechts an die Ecke, das erste ist das
braune Hofbierhaus und das andre das weiße." Ich sah den
Mann groß an und sagte: „Wie? Dieses alte Gerumpel
nennt man königlich? Sie wollen mich wohl vor einen Narren
haben?" Der Mann versicherte es aber auf seiner Ehre, daß
es wirklich so war.

„J nun," sagte Kohle, „vielleicht kommt die Schönheit
und der Baustiel erst innewendig, wie bei die Ziegen das Fett,"
und damit gingen wir zuerst in das braune Biergebeide.

Aber wie erstaunten wir, als wir dahineintraten! Die
Argibeckthur war grade nach einen rechten schmutzigten Bauern=
hofe gebaut, wo sich Einer firchten that, seine Füsse hineinzu=

setzen. Aber dennoch waren die Tische, welche aus alten Bretern bestanden, alle so vollbesetzt, daß wir nur mit Mühe und Noth noch ein Blätzchen in einer Ecke antrafen. Fritze mußte mit seinem Schnubftuch erst die Bank etwas reinichen, welche was man bei uns sehr dreckich nennt, ehe wir uns hinsetzen konnten. Nun riefen wir: Markehr, drei Tebschen! — Ja! aber es kam keins nicht; wir riefen noch einmal und noch einmal und eine ganze Stunde so fort, aber es brachte uns Niemand nichts. Endlich erschien noch als unser Rettungsengel Malzhuber, welchen seine Biererforschungen hierherführten

„Ja," sagte dieser, „wenn Sie hier warten wollen, bis sie Ihnen das Bier gebracht werden, da können Sie verdursten. Hier muß man sich Alles selbst bedienen, weil es Hofbreihaus ist."

Und nun gingen wir, nahmen nach Malzhubern seine Anordnung dem ersten Besten sein steinernes Bierglas weg, wenn er damit leer war; dann musten wir es uns aber erst am Brunnen ausspielen, welches auch eine Gnade ist, die man nur in das Hofbreihaus findet. Hiernach ließen wir uns die Krige füllen und gingen an unsern Platz zurück. Nun fragte ich eine Kellnerin, was ich könnte zu essen bekommen.

„A Brod können's haben," sagte diese.

„Nein," sagte ich, „ich meine Fleisch und Gemüse, Braten und so weiter."

„Von Gemis kennen's nur an Käs haben," sagte sie, „und wenn's a Fleisch haben wollen, so müssen's Ihne dort bei der Frau an Radi kaufen." Damit verschwand diese Biernimbse, wie Kohle sich immer ausdrückt.

Radi heist man nemlich hier zu Lande diejenigen Gewechse, welche wir bei uns zu Hause Rettich heisen, was man ihnen verzeihen muß, da sie überhaupt hier sehr unohrbografisch sprechen.

Aber das sie Rettiche hier für Fleisch ausgeben und Käse für Gemise, dieses geht mir dennoch zu weit. Wir ließen es uns jedoch bringen, wobei wir wieder eine andre Merkwürdigkeit bemerkten. Das Salz zu den Rettichen wird nämlich auf den schmutzigen Tisch gestreit, indem daß es hier in München keine Salznäbschen nicht giebt, oder dieselben von der Zensur verboten sind. Dieses soll daher kommen, weil sie in Norddeitschland erfunden geworden sind und man sich hier nicht mit die Erfindungen aus diesen Himmelstrich befreinden will.

Das Bier war jedoch sehr gut, allein kaum hatte ich meinen Krug geleert, so standen schon vier Mann hinter mir, welche ihn mir von dem Munde wegrissen und sich dann darum prigelten. Ich sagte zwar: Aber erlauben Sie, meine Herren, ich will ja noch mehr trinken! Jedoch dieses wird nicht beachtet und Malzhuber sagte, daß ich mir nun wieder eines stehlen müßte, welches, als ich es thun wollte, mir Einer einen Stoß vor den Leib gab, daß ich fast den Geist aufgab. Ich trank daher mit Kohlen in Kombani.

k. Nach einen Weilchen kamen drei Gäste, die zu uns sagten: Sie werden gitigst verzeihen, Sie haben nun lange genug gesessen, Sie machen uns wohl auch ein wenig Platz! Dabei schoben sie uns alle von der Bank herunter, daß wir auf einen Haufen dalagen. Kohle wollte zwar heftig werden, allein ich sagte ihn, daß man sich an diese ländliche Sittlichkeit gewehnen müßte. Wir nahmen uns jedoch vor, wenn es in der königlichen Brauerei schon so zugehen thete, daß wir die birgerlichen recht gerne gar nicht sehen wollten, weil man dann dort zum mindesten todtgeschlagen werden thäte.

Wir gingen noch einmal daneben in das andre Haus, welches man das „Weiße" nannte, aber dieses war wohl auch nur ein schlechter Witz, denn es war grade so dunkel und schmutzig als wie in dem anderen.

———

Daß in Minchen sehr viel für die Malerei gethan wird, dieses sah man an allen Häusern, welche jetzt für die Ausstellung neu angestrichen werden. Kohle nahm vor jeden solchen Anstreichkünstler den Hut tief und ehrerbietig ab. Ich fragte ihn warum er dieses thäte. Er sagte: Es gäbe in Minchen so viel große Malerkinstler, welche sehr oft ganz anohnimm sich zum Zeitvertreib mit niedrigern Kunstwerken bescheftigten, und da were es ihn doch unangenehm, da er doch auch ein Kinstler von Fache were, wenn er einmal einen unbeachtet ließe, warum er lieber alle grüßte. Die Kunst, die Häuser und Wände glatt und bunt anzustreichen und mit Figuren zu bemalen, nennt man alt freskoh und soll diese Erfindung noch von die uhralten Hinderindicher und Gineser abstammen.

Eine große Zierde der Stadt gewehren die Arkaden, welches ein alter griechischer Name ist und so viel heißt, als wie: **Hier darf nicht geraucht und auch kein Bier nicht getrunken werden.** Dieses Gebeide ist ein langer Gang, auf welchen man auf einer Seide nichts sieht, wehrend die andre wieder ganz mit alt freskoh Gemelden verschmickt ist. Wenn man diese Menge Malereien sieht, so wird einen der

Kobf gans drehend und jeder Kunstkenner muß zugeben, daß in München doch die Farben firchterlich billig sein missen, weil sie mit dieser ippigen Verschwendung angewendet sind, was man Kohlaritt nennt, wie mir der Maler Kohle auseinander setzen that.

Die Gemelde aus den Arkaden bestehen zum Theil erst aus Abbildungen aus der deitschen Naturgeschichte, wo man Schlachten erblickt, der zweite Theil betrifft ithalijenische Himmelsgegenden, welche sehr beitlich gemalt sind. Die Naturbreie auf diesen Bildern geht über alle Begriffe und stellt das eine, welches neben einen Kondithor gemalt ist, ein Gewitter mit Donner und Blitz vor.

Kohle sagte, daß dieses ein Triumbf der Kunst were.

Wenn man gans hinten den Hintergrund von die Arkaden aufsucht, so findet man einen gewissen Herr Kules ausgehauen, welches wie Kohle sagte ein geborener Beier gewesen ist und sich durch seine Kerperkraft ausgezeichnet hat. Man hat ihn hier in den Moamente ausgehauen, wo er verschiedene Bestichen mit Füßen tritt und das Maul weit aufreißt, nämlich das von einen Löwen.

Wenn man sich von die Arkaden herauswendet, so sieht man ein großartichtes Gebeide in Form eines großen, leeren Wandschrankes, wo die Thiren fehlen, warum man es auch Feldherrnhalle nennt. Es haben darin einige tausend Ferde- und Fußsoldaten gans gut Blatz, es stehen bis jetzt aber nur zwei Generale darinne, welche sich hier sehre einsam fihlen missen, denn sie sehen recht traurig und mißverstimmt aus. Es geht sogar auch eine Sage in den Munde der Befellterung herum, daß allemal um zwelf Uhr in der Mitternachtszeit die beiden Generale sollen lebendigt werden und dann die Voribergehenden anreden und sagen sollen: „Wollen Sie nicht die Güte haben, ein bischen mit zu uns herauf zu sbaziren, weil es gar so einsam und alleine hier oben ist. Haben Sie die Güte und scheniren Sie sich nicht."

Wenn dieses nun Jemand hört, so reißt er aus, weil Niemand nichts von diesen Gesbändsterzeig nicht wissen will und es findet sich auch Keiner nicht, der sich mit hinaufstellt, warum diese Feldherrhalle bei die Münchner auch gar nicht beliebt ist.

Das schönste, welches ein Mensch sehen kann, ist die Ludewigsstraße, allwo es von einen schönen Gebeide neben den andern wimmelt. Für den gebildeten Betrachter hat besonders die große kenigliche Bibliodek viel Indrehsandes, welche auch in korindischen Stiele aufgefaßt ist, wie Kohle sagte. Ja, wenn das Hofbreihaus nur halb so schöne were, wie dieses Gebeide!

Vor die Bibliodek unten auf die Straße sitzen vier Statien, welche Brofessors aus die alten Zeiten bedeiten sollen und in ihren Sommerkostim abgebildet sind, welches nur aus einen Badehandtuch besteht, das sie um die Hiften verschlungen haben. Sie rühren jedoch noch alle aus eine gute alte Zeit, wo die Nahrungsmittel noch nicht so theier waren, denn Heitzutage wird kein Gelehrter nicht mehr so dicke als wie die vier alten Brofessors an die Münchner Bichersammlung. Ein Herr sagte uns auch, wie diese Herren geheißen hatten, allein das klang gar zu seltsam und waren es gewiß nur die sogenannten falschen Sbitznamen; einer hieß Duckdibilidis, der andre Hipphoppgrabaus, der eine Cristtobiles und so ähnlich.

Das Innere ist brechtig ausgestattet und wieder mit viele Wandfreßkogemelde behangen. Auf eine große Treppe kommt man hinauf zu einen großen Saale, wo ein baar hundert Menschen saßen und die Nasen in dicke Bicher steckten. Dieses waren nämlich Kinstler, welche aus alten Bichern neie machen thaten.

Hierauf wurden wir weiter geführt, wo für jede Wissenschaftlichkeit ein besonderliches Zimmer eingerichtet ist. Da gab es einige hundert tausend Bende, wo zum Beispiel das deitsche Recht drinnen steht.

Es giebt auch sehr merkwirdige Handschriftverschreibungen in dieser Bibliodek. Unter andern den Heiratskondrakt zwischen Adam und Efa, das erste Schreibunterrichtsbuch von König Daviden und vieles mehrere. Auch ein ladeinisch verfaßter Abschied von einen Soldaten aus den römischen Kaiser Neroh seine Regierungsbäriode. Kohle übersetzte ihn gleich aus freier Hand und es hieß darauf geschrieben:

„Ich, der Endesunterschriebene Kaiser von Rom und ganz Ithalichen, bezeige hiermit, daß Johann Gottlob Massius als Kafallerist in mein neunundsiebzigstes Regimend gestanden und sich zu meiner Zufriedenheit betragen hat. Derselbe hat nur einmal wegen einer Taschenuhr, die er seinen Leidenant aus Versehen mitgenommen, finf= undzwanzig erhalten und ist auch in jeder andern Beziehung drei und ährlich.

Rom, am 14. August 3270 vor Christus.

Neroh, Kaiser."

Dieses war jedoch Alles noch nichts gegen ein dickes Buch, wo an den Einbande die ganze Pabbe und Buchbinderarbeit von Gold war, welches gar nicht zu schätzen war. Es begleitete uns ein Minchener, welcher fragte, wie viel Maaß Bier dieses Buch wohl werth were; dieses war jedoch eine Frage, welche der herumführende Aufseher nur mit einem Stillschweigen beantworten konnte.

Auch auf die Ludewigsstraße liegt die Universität, oder die Erziehungsanstalt für kinftige Staatsbirger oder Studenten, welche man hier in mehrere Ruhbriten abtheilt. Da sind nämlich 1) die Theolochen, welches die fremmsten sind und am allermeisten trinken, dann 2) die Midezieners, welche sich immer in die Haare liegen und noch mehr trinken als

wie die Theolochen, und dann 3) die Joristiker, welche sich
der Rechtsverwechslung witmen und firchterlich schimbfen kennen;
dabei trinken die Joristiker soviel wie die Theolochen und Mi=
bezichner zusammengenommen. Außer diese hat man noch eine
Abteilung, welche aus die vorigen dreie zusammengesetzt sind
und man sie deshalb **Vielohjossen** nennt, welches bedeitet
von Jeden ein bischen und doch von Keinen nichts ordent=
liches nicht.

Trotz diese angefihrten Jbelstende ist das Gebeide ein sehr
schönes Denkmal mittelälterlicher Baukunst und hat sehr viel
Imbohnirendes. Wir ließen uns darin herumfihren, wobei
Einen aber die Stutenten krimmige Blicke zuwerfen und immer
von Fielistern reden. Ich fragte Kohlen, was dieses were,
doch beruhigte mich dieser und sagte mir, daß dieses der Name
der alten labeinischen Kirchenväter sei; woraus ich schließen
konnte, daß wir doch eichentlich eine recht ausdruckswirdige
Fisiehohnomie besitzen thäten, welches doch nur eine Schmeichelei
für uns war.

Ich fragte dem Mann, der uns herumfihrte, ob wir denn
nicht auch einmal in einer Vorlesung mit beiwohnen könnten,
worauf er uns in einen Saal brachte, wo ein langer hagerer
Mann mit schwarzröckigen Aussehen vor einer Menge Stuten=
ten aus einem Buche etwas vorlas, was unser Fihrer uns
sagte, daß dieses eben Vielohsoffie were.

„Meine Herren," sagte der Mann, „Sie wissen unser
Grundsatz ist derjenige: **Was ißt, der ißt gut, weil
es ißt.**"

Da verneichten sich alle Stutenten, aber ich konnte mich
nicht endhalten, aus vollen Halze zu lachen, denn so etwas
verricktes war mir doch in meinen gansen Leben noch nicht
vorgekommen.

„Was soll dies bedeiten?" frug mich da der Mann,
welches ein Brofessor war, „kennen Sie mich wiedersbrechen?"

„Mit Ihrer gitigen Erlaubtniß werde ich so frei sein,"

sagte ich, „denn wenn Sie sagen, daß Alles gut ist, was Einer ißt, weil er ißt, so haben Sie ganz gewiß Gestern im Hofbreihause keine Rettiche nicht gegessen, welche so harte und unverthaulich waren, daß wir semmtlich davon die Kohlik bekommen thaten."

Da sahen uns die Stutenten erst an, dann aber lachten sie unbendigt und schrieen: „'Naus, Ihr Kameele, 'naus!" Nun nahmen sie uns bei die Rockkragen als wir noch nicht gingen und ich mich verbesendiren wollte, und dann warfen sie uns die Trebbe hinunter.

Der Einzige Menschlich gesinde unter den ganzen Stutenten war der Hausmann, welcher uns herumgeführt hatte und welcher immer schrie: „Meine Herren, lassen Sie sie doch gehen, Sie haben mir ja mein Trinkgeld vor das Herumführen noch nicht einmal geben kennen."

Unten an der Trebbe lagen wir alle drei bei einander, Kohle, ich und Fritze und warteten bis der Hausmann uns nachkam. Dieser endschuldigte sich und sagte: „Sie dirfen das nicht so ernstlich nehmen, bei uns Gelehrten bassirt das ofte, daß wir uns die wissenschaftlichten Streitbunkte etwas deitlich auseinandersetzen, wenn wir nicht einerlei Ansicht sind."

Damit hatte der Mann freilich recht und diese Auseinandersetzung war uns Allen vollstendig deitlich geworden.

———

Vor der Unisersität befinden sich zwei herrliche Fondbähnen, welche für solche Felle, wie der uns'rige einer war, angebracht geworden sind, daß man sich dann darf von einen wissenschaftlichen Sturze reinigen, erholen und abfihlen.

Als ein Andenken an frihere ähnliche Gelegenheiden, wo auch beierische Trupsen die Obermacht behalten haben, haben sie ganz in der Nähe ein wunderschenes Thor auffihren lassen, wo aber darauf die Siegesgöttin in einem Wagen, den man auf ladeinisch Stehdroschke nennt (wie Kohle sagte) und mit vier furchtbare Budelhunde besbannt, zur Stadt hinausfahrt. Es heißt allgemein, daß dieses der Minchner Thierquelerverein so weit gebracht hatte, daß diese Göttin Bikthorija nicht hat mit dem Gesichte nach die Stadt sehen dirfen und g'rade eben weil sie die armen vier Budel vorgesbannt hat. Dieses ist freilich ein bischen zu viel verlangt vor vier Hunde, daß sie sollen so ein mahsiefes Frauenszimmer in Gallob fahren, weshalb sie auch alle vier gans merkwirdig böse Gesichter ziehen, was man besonders gut sieht, wenn man etwas nahe von der Schohseeseide unten daran tritt, wo es aussieht, als wollten die vier Bestichen Einen auf den Halz sbringen und zerreißen.

Es sind dieses auch die einzigten Budel gewesen, welche ich in Minchen ohne Maulkerbe habe gehen sehen und diese mit ihre bissigen Gesichter sollten zuallererst welche haben.

———

Weil man nicht alle Gegenstende hat in die große Indibustrieausstellung hineinbringen kennen, so haben sie noch eine zweite Sammlung angelegt, welche man jedoch Glickshafen nennt und welche den Vortheil hat, daß Einer dabei etwas gewinnen kann, weil alles verlohst wird.

Das Gebeide ist in einen sehr geselligen rohmantischen Stiele nach Art und Weise der Tirken aufgesihrt und sehr schön angestrichen. Obendarauf ist ein Mench gemalt, welcher mit Henden und Fissen nach alle Seiden strambelt und welcher das Minchner Stadtwapsen bedeilet.

Das friedliche Arankschmank des Ganzen besticht Einen so sehr in die Augen, daß sehr viele fremde Besucher gar nicht in den Ausstellungsballast hinein wollen, wenn sie erst das glickshäfliche Edablissimank gesehen haben. Daher kommt es auch, daß diese hier viel bessre Gescheste machen, als wie jene dorten. Damit daß sich nun ein Jeder recht zahlreich dabei betheiligt, so hat man die großen Gewinnste, welche man mit dem Namen Lockvegel benennt, so vorne hinan an die Fenster gestellt, welches eine solche Zauwermacht ausübt, daß Keiner nicht vorbeigehen kann, welcher nicht ein Loos nimmt.

Auch wir bearbeiteten uns durch einige tausend Menschen hindurch, um uns einige Lohse zu kaufen. Diese befinden sich in blauen Pabierchen, wo nichts nicht darin ist, wenn man sie aufmacht, weshalb man sie Nieten nennt. Auch wir hatten alle mit einander kein Glück nicht, und gewannen semmtlich Nieten. Ich wollte schon fortgehen, allein Kohle war gans withend im Sbielen und setzte sein letztes Geld, warum ihn Einer von unsern Nachbarn für einen geborenen Minchner halten wollte. Allein es waren auch wieder lauter Nieten, welche er sich herauszog. Dadurch wurde er immer withender, so daß ich ihn gar nicht mehr zurückhalten konnte. Ein um uns herum Stehender, welcher ein Hebereher zu sein schien, sagte zu Kohlen:

„Ich will Ihnen Ihren Rock abkaufen, denn jetzt kommt nun das Glück gans gewiß bei Ihnen."

Ich bat zwar Kohlen fast auf die Kniee, daß er dieses nicht thuen sollte, weil es seine Verdärbniß sein thete, allein er ging wieder hin, kaufte für das Geld vor seinen Rock lauter Lohse und gewann wieder nichts nicht.

Jetzt beredete ihn der jidische Kleiderhendler noch einmal, doch auch die Weste und das Halstuch zu verkaufen, was Kohle auch that für ein Lumbengeld und wieder ebensoviel gewann wie früher.

Nun hatte er nichts mehr zum verkaufen, denn der Soldate, aus welchen dort die Wache bestand, sagte, daß es nicht erlaubt were, die Beinbekleidungen zu verkaufen, wie Kohle dieses thun wollte. Aber er ließ dennoch nicht nach und verklobste noch seine Stiefeln, wofür er zwelf Kreizer emfing. Damit eilte er in den Glückshafen, zog ein Lohs und juwelte so sehr, daß er fast aretirt geworden were. Dann ließ er sich seinen Gewinn geben, welcher nach seinen Vermuthungen mindestens ein Sehrwiß von silberne Messer und Kabeln sein mußte. Aber es war nur ein kleines Käſtchen von Pabier mit obendarauf eine Anſicht der Stadt. Es muß alſo Gold oder Goldeswert darinne ſein, dachte Kohle und eilte hinter ein Haus, wo er es öfnete und was befand ſich darin? Ein Baar Bufskindhandſchuhe für den Winter bei vierzig Karade Kelte!!! Alſo für einen vollſtenbigen Anzug hatte er ein baar dicke Winterhandſchuh gewonnen, welches allerdings für dieſe Hitze im Sommer ein eben ſo werdvoller als baſſender Gegenſtand waren.

Barfüſſig mit die notdirftigſten Kleider ſchlich Kohle mit niedergeſchmättertem Haubt neben mir her, indem er ſeine Handſchuh anbrowiren that.

„Weinen Sie nicht, Kohle," sagte ich, „ich werde morgen Ihre Kleider bei den Juden wieder einlesen, aber ich hoffe, daß Sie von der Leitenschaftlichkeit des Sbieles kuhrirt sind."

Mit Dankesbezeichnungen fiel mir Kohle um den Hals und versbrach mir dafür, mich in verdoppelter Lebenslenglich= keit alt freskoh an mein Seidengebeide zu malen, sobald als wie wir wieder in Pirne eingerückt sein wirden.

Aber im Sommer ein Baar Buckskindhandschuhe bei dreißig Karabe Werme! Und so etwas einen Glickshafen zu nennen — das konnte ich mir nicht zusammenreimen und mechte es wohl ein Mal sehen, wie es dann in einen Un= glickshafen mißte zugehen!

———

Wenn man an die eine Stadtseide hinausgeht, wo man denkt, daß eichentlich gar nichts mehr nicht sein kann, so kommt man auf einmal an eine große Wiese, auf welcher man einen alten Getzentempel und davor eine koloffsale Statie eines Frauenzimmers erblickt, welches die Stammutter von ganz Beiern ist und Bawahria heißt. Neben ihr sitzt ein Löwe, welches aber wahrscheinlich auch nur ein Budelhundchen sein soll, indem es noch in Beiern noch nie keine Löwen nicht ge= geben hat. In ihrer linken Hand hält sie einen Kranz in die Höh', welcher aus Lohrbeer, Hobfen und andre Gemisekreiter besteht, jedoch auch aus Brontse ist, wie die ganze Statie. Ueber die Bedeitung des Denkmals befindet sich in dem Munde der Bevelkerung eine seltsame Geschichte.

Es hat nämlich ein Mal ein Mann gelebt, welcher Kammbrinus hieß und nebenbei ein Kenig war. Da ihn die Frankfurter Weinreisenden immer so schlechten Wein verkaufen thaten, sagte er eines Tages: J so hol' Euch doch Alle der Teifel; wenn Ihr so schlechtes Zeig habt, da werde ich mir einmal das Bier erfinden. Und siehe da, er setzte sich hin und erfand das Bier, und als die Weinreisenden wieder auf's Neie kamen und sagten: Ich reise für das Haus Seierlich, Sbrit und Kombanie, und mache Ihnen meine Offerte in ausgezeichnetem Elser — da sagte Kammbrinus: Es ist mir angenehm, Ihre werthe Bekanntschaft zu machen — und dann ließ er sie Einen neben den Andern aufknibsen. Allein auch in andrer Hinsicht war er ein sehr netter Mann und so geschah es also, daß er auch von der schönen Jungfrau Bawahria gehert hatte, welche er zu lieben sich beschloß. Er braute also ein Fäßchen gutes Bockbier, schnirte dann sein Renzel, schnallte seine Krone und Zepter nebst den Fäßchen auf das Dohrnister und wanderte nach Minchen, wo er sich unerkannter Weise aufhielt. Das Freilein Bawahria war damals noch kaum aus die Schule, welches sie jedoch nicht verhinterte, schon viele Anbeter zu haben, welches so arch wurde, daß sie sich mußte aus einer Menaschari einen Lewen kaufen, den sie nun auf die Liebhaber hetzen that, wenn es ihr gar zu dicke wurde. Dadurch wurde sie auch so mehlankohlisch, daß sie endlich sagte: Ich heirathe keinen andern nicht, als denjenigen, der mir meinen Lewen überzwinget und bewindet. Nun wagten dieses zwar viele, allein sie kamen alle chländiglich um. In dieser Zeit kam Kammbrinus nach Minchen und sagte: Ich werde ihn schon kriegen, darauf nahm er einen Krug Bockbier und ging in den Lewen seinen Käsicht. Schon wollte dieser ihn backen und zerreissen, alleine da hielt ihn der verkleidete König sein Bier hin, der Lewe stutzte, beroch es und sagte dann: Sie erlauben mir wohl ein bischen! — stirzte den ganzen Krug hinunter und fing an ausgelassen zu tanzen und zu springen. Als dieses Jumfer Bawahria hören that, kam sie herbei und erröthete, wie sie den schönen Fremdling sah, doch sagte sie zuvor: Sag' an, womit hast Du den Lewen zam gemacht? Da holte Kammbrinus noch einen Krug, wobei er jedoch die Helfte verschittete, denn er war schon so verliebt in die Bawahria, daß er einen Flasterstein nicht sah, welcher im Wege lag und wo er dariber stolberte. Dann machte er einen Kratzfus und bot ihr den

Neſt. Aber kaum hatte Bawahria davon einen tichtigen Schlucks gethan, ſo rief ſie: „Heil Dir, die Liebe hat geſiegt, ich bin Deine Gemalin!" Nun fiel auch er um ihren Halz und ſagte: „Aber denken Sie nicht etwa, daß ich ein gewehnlicher Brauknecht bin, im Gegentheil ſchmeichle ich mir, Kammbrinus und ein beriemter König zu ſein!" Da rief das Volk: Viſad! Die Liebenden fielen ſich in die Arme, der ·Lewe-

wehdelte mit dem Schwanze und die Bewohner von Minchen zindeten ganz hinten ein benkalisches Feier an, womit die Vermehlung gefeiert werden that. Seit dieser Zeit wurde auch das baiersche Bier so weltberient.

Diesen Moament hat auch der Kinstler aufgefaßt, wo sie am glicklichsten sind, nur hat man Kammbrinus nicht mit hinstellen kennen, weil der Blatz auf den Bostamend zu klein war. An der Bawahria ihrer Freide sieht man es aber ganz deitlich, daß noch Einer mit hingehört, der aber noch nicht da ist.

Die Statie ist ausgehölt, so daß man ihr hinauf in den Kobf steigen kann, woselbst am Vormittage dreißig Versohnen Blatz haben, aber Nachmittag, wenn sie aus der Bierstube kommen, gehen nur die Helfte hinein, was man natirliche Verheltnisse nennt.

Kohle war mit der Zeichnung von der Statie ziemlich zufrieden, doch sagte er, daß sich für den denkenden Kinstler immer noch manche Bedenklichkeit daran finden dirfte.

———

Ich habe eine sehr unruhigte Nacht gehabt, welches an den Bier liegt, da man es in die steinerne Viertebschen niemals nicht sieht, wie viel als daß Einer trinkt. Mir treimte die Nacht nur von Kammbrinus und seiner Frau, der Jumfer Bawahria, welche auf meiner Bettdecke Bohlka tanzten; der Lewe saß daneben und sbielte auf einer Schwabacher Maultrommel die Musik dazu.

Es sollen solche Treimereien auch mit an die Bergluft liegen, welche hier so sehr in die Nähe sind und was man Alpenbricken nennt.

———

Wenn Einer nach Minchen gehen will, so muß er erst sbanisch lernen, denn es giebt hier so viel Gebeide, welche ganz frembartigte Namensbenennungen fihren, was man gleich wieder sehen wird. Kohle sagte nemlich, daß der Gibfel der Kunst in der Pi=Piano= oder Panikotecke und in der Gli=Glickapoteck

5

bestende, welches nun freilich Namen sind, welche sich nie kein Deitscher nicht wird merken kennen. Und wenn es nun einmal solche verrickte Namen sein, so kennten sie es doch meinetswegen das eine die erste Hibotheck und das andre die zweite Hibotheck nennen, weil dieses ein baar Fremdwerter sind, auf welche sich jeder ehrliche Deitsche versteht.

Zuerst wendeten wir uns an die erste Hibotheck oder Panikotecke, welche aus lauter Gemelden und Bildern besteht, die man die alte Schule nennt. Kohle war sehr zufrieden mit den Leistungen der Kinstler und sagte, daß besonders ein gewisser Ruhwens, Rafaöl, Deick und einige Andre, recht nette Bilderchen gemalt hatten, welche uns für die Zukunft von diese Maler noch mehr hoffen lassen thäten. Nur hatte er daran auszusetzen, daß bei Ruhwensen seinen Bildern gar nicht genug rothe und grine Farben verwendet weren, wodurch so ein schener Schlagschatten sich bildete. Ich verstehe zwar nicht, was Kohle damit sagen wollte, allein es klingt so recht gelehrt, wenn ein Kinstler den andern recht tadelt und so schlecht macht als meglich, welches Kohle sagte, daß man dieses in Minchen ganz besonders gut lernen kennte.

Mir gefielen die Gemelde auch recht leiblich, aber was ich daran auszusetzen haben würde, das ist, daß die Goldramen schon etwas schwarz anfangen zu werden, wodurch für einen wahren Kunstkenner sehr viel verloren geht, wie auch der Maler Kohle sagte.

Wenn Einer thun will, als ob wie wenn er recht viel von der Kunst verstehen thäte, dann muß er vor ein Bild treten und den Kobf erst schitteln, dann auf die eine Seide biegen, dann auf die andre. Zuletzt muß er die geballte Faust vor das Auge halten, als wenn er hindurch sehen thete, und einen Mundwinkel nach oben und den andern nach unten ziehen, welches aussieht wie sbettische Bemerkungen und als ob man es selbst doch viel besser kennte.

Das schenste Kunstwerk in diese Panikoteck ist jedoch der

Thirsteher, was hier Vortigeh heißt, welcher ein so großer Riese ist, daß er kennte gans gute die Mamsell Bawahria heiraden, welche draußen auf die Ruhmeshalle steht, wenn diese nicht schon verheiradet were.

Nun giebt es noch eine zweite Panikotek, welches man die sogenannte n e i e nennt, an welcher auch die eine Wand gans mit alt fressko angemalt ist, worauf sich die Maler und Maurer und Zimmerleite einander in ihre Feierabendstunden abgezeichnet haben, wenn sie nichts mehr zu thun hatten; auch ist eine Abbildung aus den Lustsbiel Zobf und Schwert mit angebracht. — Kohle sagte, daß die Farben dazu mit Kautnschuck und Kummi ölastikum angemacht weren, damit daß sie nicht durch den Regen zu leiten haben, weil sonst gar bald den Herrn Malern die Köbse heruntergewaschen wirden.

Diese Sammlung endhelt lauter Bilder aus die neie Schule, welche jedoch noch sehr in den Baumschlag zurück were, was ich nun freilich nicht beurteilen kann, weil ich höchstens ein bischen Geige sbiele, aber von die übrige Malerei verstehe ich nicht halb so viel, als wie Kohle.

Eine große Verwirrung bereitete uns der Kathilog, wo Alles darin steht, was zu sehen ist, weil da drinnen zum Beisbiel stand bei Nummeroh

203. Der Baarohn von F. im Greise seiner Familiche.

117. Abendglühen des
Wetterhorns.

318. Dorfkirche in Schweden.

17. Die Sindfluth.

89. Naboleon auf dem Rückzuge.

419. Ein Dampfschiff im Sturme.

Wir konnten uns dieses gar nicht erkleren, was dieses heisen sollte, als uns ein fremder Herr, welcher auch ein Kinstler zu sein schien, darauf aufmerksam machte, daß wir einen Kathilog von einer gans andern Bildergallari hatten.

Darum durfte man sich nun auch nicht mehr wundern, daß es nicht baste.

Die herrlichste Faßade bildet jedoch die Glickapoteck, welches Seilenwerke mit ironischen oder korindischen Verzierungen endhelt.

Wir traten da hinein, doch kaum hatte ich nur einen einzigten Blick in das Innerste geworfen, als ich Fritzen wieder hinausführte, indem ich bemerkte, daß diese Sammlung nur für das reifere Alter wäre und daß man die Jugend von solchen Anblicken gans endfernt halten müssen thäte.

Es sind hier nur ausgehauene Gegenstende, welche in einer Zeit gemacht worden sein müssen, wo noch gar kein Modenschurnal noch nicht geecksistirt hat, denn es sind daselbst

Menschen abgebildet, welche oft blos als ihr Kostim nur ein baar Schuhsolen angebunden haben und noch öfterser auch dieses noch nicht einmal. Am anstendigsten haben sich noch die Aehgiebter betragen, welche wenigstens allemal einen Ballito oder einen Buhrnuß anhaben, wenn sie hier ausgehauen sind. Auch sieht man einen Owehlisken, welches so viel bedeitet als wie ein Wegweiser in die Sandwiste, woran sie aber so undeitlich geschrieben haben, daß man es noch heitzutage nicht einmal lesen kann.

Einer welcher dasitzt und mit die Nummeroh 82 bezeichnet ist, heist Apohlo, welches ein recht liederlicher Mensch gewesen sein muß, denn er hat ganz breite schwarze Render, die ihn um die Augen gemalt sind. Daneben war ein Mann, der Bachuß geheißen hatte, und welcher auch ein Gott bei die alten Heiten gewesen ist, der die Menschen hat allemal unter die Arme gegriffen und sie nach Hause geführt, wenn dazumal einer ist ein bischen schräge oder betrunken gewesen. Darin haben es freilich die Alten viel besser gehabt als wie wir heitzutage, denn wenn jetzt Einer etwas betrunken ist, so kommt der alte Bachußgott nicht mehr, sondern dieses besorgt jetzt nur noch die Bolizei, welche dann immer stehrend einwirkt.

Da man jedoch in Minchen immer so viel auf die Reinlichkeit helt, so muß man sich dennoch wundern, daß hier so viele von diesen Statien ganz schmutzig aussehen, warum man sie doch sollte jede Woche einmal mit grine Seise abscheiern, welches schon durchgreifen thete. Kohle machte als Kinstler noch einen andern Vorschlag, daß man nemlich sollte die Statien mit bunter Oelfarbe anstreichen, wodurch sie auch weniger unmohralisch aussehen wirden, besonders die weiblichen Fenusse, welche doch für die unbefangene Jugend gewiß sehr viel Gefahr brechten.

In einen Saal sind nun wieder lauter alte Remer abgemeiselt, welches auch ein hübscher Menschenschlag gewesen ist und viel Gesichtsbiebus hat, wie Kohle sagte. Doch sind auch

Gegenstende zum Hausgebrauch hier, wie steinerne Marmohrtische, mehrere Stihle ohne Beine an denen der Sitz und die Lehne fehlt, ebenfalls gans Skulbiturarbeit.

Nachdem sich Kohle noch einige Skitzen gemacht hatte, verließen wir diese Sammlung und suchten unsern Fritz wieder auf, welcher einstweilen an die korindische Seilenordnungen eingeschlafen war.

Das tenigliche Schloß enthelt die herrlichsten Gegenstende und Malereiarbeiten, doch bin ich nicht in Stande gesetzt, auch dieses zu beschreiben, weil man bei der Besichtigung desselben so eichenthimlich versehrt. Wenn man eintritt, da führt einen Einer an und fragt was man wollen thete; sagt man nun das Schloß besehn, so sagt der: Nun, dann machen Sie rasch und ziehen Sie hier die Filzlatschen an, daß Sie keine Trabsen nicht machen. Dann leist der Mann im Galobse vorne voran und das Bublikum hintendrein, welches so rasch geht, bis man in den letzten Saal kommt, wo dann der Mann sagt: Nun ziehen Sie die Latschen wieder aus, jetzt sind wir fertig. Kohle war einmal ein bischen hinter die übrigte Gesellschaft zurückgeblieben, weil er sich in seine Latschen nicht bewegen konnte, aber da kam der Mann mit bedeitenden Grobheiden herbeigeraünt, und fuhr Kohlen so an, daß dieser zitterte.

Wie wir fertig waren, waren wir gans in Schweis gebadet und dennoch hatte Keiner nichts gesehen.

———

Gegeniber ist die Post, welche auch nach sbanischen Stiel gebaut ist und wo alte labeinische Postillijone anjemalt sind, welche böse Ferde führen. Dieses nannte Kohle sehr gelungene Moamente, weil der Maler die rothe Farbe dabei nicht verschont hatte.

Der Maler Kohle hat immer sehr gelehrte Ausdrücke an sich wenn er von seiner Kunst sbricht, so daß ihn unser Einer gar nicht versteht. So sagt er zum Beisbiel sehr oft: Hier fehlt der Schlagschatten, oder hier in dieser Archidecktuhr ist zu viel Schlagschatten. Ich habe ihn nun schon heisig gefragt was denn dieses eichentlich bedeitete, wenn er von Schlagschatten sbricht, doch sagt er mir dann immer, daß man dieses nicht erkleren sondern aber nur blos fühlen kennen thäte. Und grade hierdarin soll auch immer die Kunst eines tiefen Urteils bestehen, daß man über Sachen sbricht, die man dann gar nicht einmal versteht und erkleren kann.

Da hingegen der Reisende von Bildung und Geschmack,

zumal wenn er zugleich auch ein Menschenfreind ist, sich die
Vergnigungen des Volkes auch ansehen muß, so gingen wir
an einen Sonntag Nachmittags um den Prater aufzusuchen,
welches jedoch sehr schwer ist, indem Minchen auf dieser Seite
aus lauter verschobene Winkel besteht. Nach viele vergebliche
Versuche auf unsrer Landkarte von der Stadt fanden wir es
endlich und traten in einen Garten, allwo der Soldate und
die Köchin, der Schuster und die Butzmachermamsell, der Ar=
tollerist und die Rettichfrau ganz bunt durcheinander sasen.
Es ist in Beiern ein sehr weises Landesgesetz, daß jedes die=
nende Versohnal weiblicher Abkunft, als wie jede Köchin, jedes
Stubenmedchen und so weiter, einen militherrischen Beschitzer
ihrer Unschuldigkeit hat; manche hat auch zweie und noch mehrere
das heißt Beschitzer aus dem Kriegerstande. Der Schwahlang=
scheerer und der Kührassirer macht immer das mehrste Glick
bei das scheene Geschlecht.

Auch mit die Haarturen ist es hier ganz eichenthiemlich,
die ältern Frauenzimmer tragen ganz strubfliches Haar, welches
jedoch bei näherer Bedrachtung aus einer Belzmitze besteht.
Die jingeren Medchen haben die Haare mit Silber und Gold=
zeig bewickelt, damit daß man nicht sieht, wenn sie keine nicht
mehr haben. Diese Mode ist nun freilich lendlich, jedoch auch
sitlich, gewehrt aber von der Rickseibe einen sonderbaren bitho=
reskischen Anblick, wie Kohle sagte.

Wir haben auch in den Garten einige sehr schöne Jagd=
bilder gesehen, welche sehr lebhaft in die Kommbesitzion waren
und auch ein sehlerloses Kohlaritt hatten, wie Kohle sehr
richtig bemerkte. welcher auch behaubten wollte, daß sie gewiß
von einen großen Meister aus der neiern Schule herrihrten.

Sodann gingen wir in den Tanzsaal, wo sie grade einen
deitschen Razihnaltanz aussührten, welcher Frankfässe heist und
so ein Bild von heislichen Glick und Frieden giebt. Da stehen
sie einander gegeniber, dann verbeigen sie sich, dann laufen sie
auseinander los, dann drehen sie sich wieder den Ricken zu,

welches in einer Haushaltung auch vorkommt, dann leift die Frau zum Nachbar und der Mann zur Nachbarin, dann tritt wohl auch einmal Einer den Andern auf die Fiſſe, dann wird auch Einer grob und giebt den Andern einen Rippenſtoß. Zuletzt wenn ſie ſich genug hin und her geſchubſt und geſtoſen haben, faſſen ſie ſich alle bei die Hende und wollen eben nun einmal recht vergnigt ſein, da kommt aber auf einmal der Mann, welcher das Geld von das Tanzen einkaſſirt und damit iſt das ganze Vergnigen geſtert. Dieſes iſt doch wirklich das treieſte Bild von unſern deitſchen Familichenlebenswandel, wenn wir da eben auch einmal anfangen, recht luſtig ſein zu wollen, da kommt ſo ein keniglicher Steiereinnehmer und miſcht ſich in das ganze Vergnigen, welches er verdirbt, wie ein Brechbilſerchen in die Milch.

Das ſonderbarſte in die deitſche Tanzkunſt iſt jedoch die ſogenannte Pohlka, wo man erſt die Tenzerin anfaßt, mit ihr drei Schritt vorſchaſirt, dann ſie losläßt, dann die Beine in die Höhe ſchlägt und ſich herumdreht. Auch ich habe es verſucht, dieſe Pohlka mit zu tanzen, doch konnte ich nicht in den Tackt kommen und wenn ich meine Tenzerin losgelaſſen hatte und hervorſchaſirte, ſo kriegte ich dann immer in das Gedrenge eine andere zu erfaſſen, welches mir einige Mal bedeitende Grobheiten zuzog, die ich jedoch glicklicher Weiſe nicht verſtehen that, weil ſie in das Niedrigdeitſche überſetzt waren und ich blos hochdeitſch ſpreche.

Kohle hatte ſich einſtweilen auf einen Stuhl blaſirt, von wo aus er die ganze Tanzerei ſehen konnte, welche er nun in ſein Schkitzenallbum abzeichnen that. Wie er damit bald fertigt war, ſo trat auf einmal ein recht großer und grober Kerl an ihn heran und ſah in Kohlen ſein Buch. Nun mochte ſich aber der Große wahrſcheinlich durch die Zeichnung getroffen fihlen, denn auf einmal gab er Kohlen mit der Hand einen ſo firchterlichen Schlag auf den Hut, daß er ihn (nämlich der Hut, nicht etwa der große Kerl) bis an den Hals hineinfuhr

und nun schimbste er auch noch dazu, daß es einen Angst und
bange werden that, weshalb ich Kohlen unter die Arme greifen
that und ihn aus das menschliche Gewihle hinausschlebte.

Durch einige Glas Bier kam Kohle, welcher vor Er=
schreckung gans ohne Wissenschaft von sich dagelegen hatte,
wieder zu seiner beitlichten Besinnlichkeit, doch verließen wir
bald darauf dieses Volksvergnigen, welches doch etwas zu
gereischvoll zugeht.

Als ich mir Kohlen sein Bild besah, welches er von die
Bohlka gemalt hatte, so war von den großen Kerl mit der
Hand hindriber gefahren worden, wodurch eine dunkle Ferbung
entstanden ist, welches man wahrscheinlich auch mit unter die
Familiche der Schlagschatten rechnen muß.

————

Sehr gerne wäre ich noch länger in Minchen geblieben,
allein ich kann mich an den Thealeckt nicht gewehnen und muß
es mir erst allemal übersetzen lassen, wenn Einer mit mir
sbricht. So machen sie auch so verrickte Liederchen in dieser
Sbrache, wo ich mir habe eins aufgeschrieben, welches heißt:

   I hob schon drei Somma
   Mir's Hoamgeh vorgnomma,
   I hob schon drei Somma
   Mei Dirnd'l net g'sehn.

Dieses soll nemlich auf Deitsch übergesetzt heißen: Ich
habe meine Liebste (welches hier Dirndeln sind) schon dreimal
in einen Sommer nicht gesehen, obgleich ich mir eine Zuhause=
gehung vorgenommen hatte.

Nun geht es weiter:

   Auf mi wart's no imma,
   Sie moant, i komm nimma,
   Auf mi wart's no imma,
   Wie wird ihr geschehn.

Das heißt nun auf unser Deitsch so viel als wie daß sie Emma heißen thete, und daß er nicht wißte, wie dieses eichentlich zugegangen were.

Und dann heißt es noch:
>Die Nacht sinkt schon aba,
>Man sieht gar nix mehr,
>Heut muß i's hoamb'suchn,
>Wenn's no so weit wär.

Dieser Fers ist nun freilich gar nicht zu übersetzen und kann man sich dabei nur das Beste denken, was jedoch auf den Menschenfreind auch schon einigen Eindruck macht.

Wenn nun die hiesichten Eingebornen so ein verricktes Gedichte, welches sie ein Lied nennen, gesungen haben, so kommt allemal dahinter her das Johdeln, welches so viel heißt als wie Seifzer aus Magendricken, denn das geht immer: Jo hi di li bi bo, Hu ho ha le di da, Ja ne ja ne i di, Jo di bi bo. Dieses nennt man auch Sankskritsbrache und hat man sogar darin Bicher gedruckt, welche jedoch keiner nicht versteht. Bei den Johdeln besteht aber die hechste Kunst darin, wenn Einen die Stimme überschnapst und er im Gesicht so roth wird wie ein Krebs, was man Fisteltene nennt und auch, wiewohl mit Falschheit und Unrichtigkeit, zu die Musik gerechnet wird.

Auch auf die Sbeisezettel in die Gasthefe kann man nichts verstehen, wenn Einer nicht ein griechisches Diaktionehr mit sich führt. Denn da giebt es Sbeisen, wovon bei uns den Menschenfreind im gewehnlichen Leben schon grauselig werden thete. Da giebt es geschwollene Wirstel, geselligte Wirstel (welches auch eine Lige ist, denn es ist allemal nur eins und daher von keiner Gesellichkeit nicht die Rede), Bißlemode, Haxen, Basesen mit Hatschibascha und viele andere Fremdwerter mehr.

Und so verließen wir endlich diese schöne Stadt, wo der gebildete Mensch seinen Durst nach Wissenschaft, Kunst, Farben, Bauwerken und andern geistlichen Getränken in jeder Hinsicht löschen kann.

Leipzig
(1852.)

Reise über Dresden nach Leipzig zur Messe.
Erster Brief.

Geliebte Fettern, Mumen, Gevattersleite, Nachbarn, liebe Anverwandte u. s. w.

Ich weis noch nicht, ob Ihr schon von meinem großen Glücke gehört habet, nämlich daß die alte Dante Rimpelmeiern in Dresden gestorben ist und mich zum Unifersalerben eingesetzt hat, weil meiner verstorbenen Frau ihrer verstorbenen Schwester ihr verstorbener Mann ein Fetter von der verstorbenen Rimpelmeiern ihren verstorbenen Stiefbruder großmitterlicher Seide gewesen ist. Die alte Rimpelmeiern hielt immer große Stücke auf mich und nannte mich nur ihren „lieben Kuhseng" und sagte, daß ihre ganze übrige entfernte Verwandtschaft Lumbenback were, womit sie wohl auch einige von Euch gemeint hat, liebe Anverwandte u. s. w.

Da ich nun ruhig von meinen Zinsen leben kann und ein vierundeinhalbbrozendlicher Bartikühlgeh bin, so habe ich mir vorgenommen, mich erst recht auf die Reisen zu verlegen, was man dann einen Duristen nennt.

Diesmal habe ich gesagt: Bleibe im Lande und nehre dich röthlich und mir vorgenommen, lieber einmal in Deitschland herumzukutschiren als auswärts, und da mein seliger Großvater, welcher ein lederner mit Belz gefütterter Fausthandschuhmacher war, mir immer so viel von der Leibziger Messe erzehlt hat und ich noch niemals nicht auf längere Zeit dort gewesen bin, so beschlos ich, mir jetzt diese Stadt sammt der Messe anzusehen, welche in ganz Eiroba und überall so beriemt ist.

Nun ich war mit meinem Vorschlage ganz zufrieden und beschloß, daß mein Junge, der Fritze, diesmal wieder mitreisen sollte, damit daß er schon in seiner Jugend Bildungsfehigkeit erlangte. Da sich aber Fritze über die Nachricht nicht so sehr freute, wie ich es gewünscht hatte, so legte ich ihn über einen Stuhl und brigelte ihn so lange, bis er mir gestand, daß er sich firchterlich auf die Reise freien thäte.

Schon am nächsten Morgen fuhren wir mit der ersten Eisenbahn nach Dresden, wo wir in der Reistadt im Hohtell du Kronprintz loschirten.

Da mein Fritze die Rehsiedens Dresden noch gar nicht kannte, so beschloß ich, ihn Alles zu zeigen was auf ein kindliches Gemiethe eine moralische Einflüssigkeit machen könnte.

Wir gingen also zuerst auf das Waldschlößchen, wo so gutes Bier gebraut wird, daß sie es in Berlin viermal mit Wasser verdünnt, immer noch für doppeltes verkaufen. Es soll auch auf den Waldschlößchen eine schöne Aussicht sein, weil man die Elbe nebst Dresden sieht, wie mir mein Fritze sagte. Ich gab ihn jedoch dafür eine dichtige hinter die Ohren und sagte ihn, daß sich ein gutgesitteter, anstendichter Mensch gar niemals nicht um die Aussicht bekimmern dirfte, wenn nur das Bier gut were, indem selbiges vielmehr auf die geistlichen Eichenschaften des Menschen einwirkt, als so eine ordinehre Aussicht auf die Elbe, die uns in Pirna alle Tage vor die Nase vorbeifließt und wo es gar keinen Menschen nicht einfellt, dieses eine Aussicht zu nennen. Was mich ganz besonderlich gefreit hat, ist, daß die Köllnerburschen auf den Waldschlößchen aus lauter hibschen Mädchen bestehn, wovon ich eine in die Backen gekniffen habe, aber jedoch ohne daß es mein Fritze gesehn hat, denn man darf so etwas niemals nicht der Jugend sehen lassen.

Wir gingen dann wieder in die Stadt und frühstickten in einer rothen und weißen Landweinhandlung, welches jedoch ziemlich sauer war. Der Meisner Landwein kann recht gut sein vor einen Liebhaber von keiner Süßigkeit, aber hingegen vor mich winschte ich ihn nur als Thejertwein wo man nur allemal ein kleines Schnabsgläschen zu trinken braucht, wenn man etwas Unverdauliches gegessen hat, denn dann frißt der Meisner im Magen alles kurz und klein. Mein Fritze hat aber die ganze Flasche alleine ausgetrunken, denn so ein kindliches Gemiethe weis noch nicht so gut was Schund ist, wie unser einer und Ihr, liebe Anverwandte u. s. w.

Auf der Bricke in Dresden kriegte ich aber einen gehörigen Schkandaal. Nämlich auf dieserselben muß der Fußgänger getrennt gehn, zum Beispiel: diejenigen, welche hinüber wollen, rechts, die andern links. Nun hatte mich der Meisner schon etwas verstimmt und übrigens kann ich vor meinen Theil so eine Gezwungenheit niemals nicht leiden und ging daher mit Fritzen expreß auf der Seide hinüber, wo man herüber geht, woselbst sie uns aber immer von die Drohbuariuse herunterschubsten und grob wurden. Aber mit Grobheiden lasse ich mir auch nicht so leicht kommen, denn ich kann auch so grob sein, wie jeder andere Flegel und wohl noch gröber, weil ich meine Steiern und Abgaben bezahle. Davor will ich aber auch gehn, auf welcher Seide ich will. Zuletzt kamen auch noch zwei Handarbeiter, die auch anfingen zu schubsen, worauf ich aber vor ihnen stehen blieb und ihnen sagte, daß sie eben so gut ausweichen müßten. Dadurch kamen wir in eine Wortverwechslung und da wurden die beiden Kerle so massief, daß sie mich bei den Genicke fasten und mich in die Elbe schmeißen wollten, wenn ich nicht auf die andere Seide ging.

Nun gegen solche Kerle, liebe Anverwandte u. s. w., was man die rohe Gewald, die viehsikalische Kraft nennt, ist es am Besten man schweigt und giebt nach, wenn man auch seine Steiern richtig bezahlt. Ich hätte aber nicht gedacht, daß es in einer Rehsidens, was doch der Hof ist, so ordinehre Handarbeiter geben könnte.

Nach Tische führte ich Fritzen wieder herum und auf einmal schrieen die Leite: Dort kommt der König! Da wir diesen doch auch gerne einmal sehen wollten, so liefen wir auch dorthin und sahen so ungesehr sechs bis acht Herren zu Pferde, welche gans langsam angeritten kamen. Ich fragte nun einen Mann, welcher neben mir stand: „Ach, entschuldigen Sie, wissen Sie denn nicht, welcher von den Herren dort der Herr König ist?"

Aber da sagte mir der Mann, der mehr aus eine niedrigte Volksschicht zu sein schien: „Nee, härren Se, das thut mir leed, das kann ich Sie freilich nich sagen, denn ich bin selbst nich von hier."

„So," sag ich, „das thut mir ebenfalls leid. Wo sind Sie denn her?"

„I Herr Jemine," sagte da der Mann, „ich bin aus Großenhain, ä Tuchmacher! Ja, härren Se!"

Nun waren die Reiter gans nahe gekommen, da fiel mir hingegen jedoch ein sehr guter Gedanke ein. Ich zog nämlich einen neuen sächssijchen Dhaler hervor, wo den König sein Bohrdreh darauf ist und stellte nun eine Vergleichlichung an, welcher von den Herrens dem Dhaler am ähnlichsten sähen thete. Ich konnte es jedoch gar nicht recht los kriegen, aber da sagte auf einmal der Grossenhainer zu mir: „Erlooben Se, härren Se, lassen Se mich doch e mal nachsehn, ich habe sehr gute Dogen, ich finb es schon ehr raus."

„Ei, recht gerne," sage ich und gebe ihn den Dhaler,

6

womit er sich nun gans nahe an die Reiter hinan drengelt und einmal den Dhaler und dann wieder die Herren nach der Reihe hintereinander ansieht. Er muste sich aber auch nicht herausfinden, denn er ging immer weiter mit; auf einmal schittelte er mit dem Kobse und rief mir aus der Ferne zu: „Er is gar nich dabei, härren Se!"

Dabei steckte er den Dhaler in die Tasche und fing an auszureisen, als were er gesteckbrieflich verfolgt. Ich war erst gans verblifst von dieser Inbärdinenz, wie ich aber wieder hingegen zu mir kam, schrie ich zu meinem Jungen: „Komm, Fritze," und nun legten wir uns auf die Verfolgung und rannten diesen Magehstetsverbrecher nach. Wir waren schon durch mehrere Straßen gekommen und ich war dem Kerle schon gans nahe, denn der Grossenhainer hatte einen langen Rock, warum er nicht gut laufen konnte. Wir schrien nun aus vollem Halze: „Halt auf, halt den Kerl auf!" Zumal Fritze hat eine sehr durchdringende Fistelsopranstimme und konnte daher noch besser schreien, als wie ich. Aber siehe da! wie wir eben um eine Ecke herum biechen, nimmt mich auf einmal ein Soldate vor der Brust und schreit zu Fritzen: „Da mein Söhnchen, hast Du den Spitzbubenkerl!"

Aber die Grobheiten hettet ihr hören sollen, wie ich diesen misverständigen Einmischlingel herunter gemacht habe, denn der Grossenhainer hatte einstweilen diese Bause benutzt und war mit meinem Dhaler glicklich zum Teifel.

Fritze hat aber verdienterweise die schönsten Brigel gekriegt, denn es ist doch erschrecklich, wenn ein eichener Sohn seinem eichenen Vater in so eine schofele Verdächtigung bringt.

Wie sich nun mein gekränklichtes Ehrgefiel wieder etwas beruhigt hatte, entschloß ich mich hingegen jedoch, so balde als möglich von hier abzureisen, denn ich hatte die ganse Rehsiebens im Magen, wo man auf heller Straße um seine Dhalers kommt und nicht einmal auf der Brücke gehn darf wo man will. Da ist es wahrhaftig in Pirna noch besser, da gehe ich auf der Straße wo ich will rechts oder links und weiche keinen Menschen nicht aus, denn dafür bin ich ein Rentigeh und habe Geld und mein Geld ist auch nicht von Blech.

Wir bestiegen also jetzt den Dambfwagen und fuhren gleich thiereckt nach Leibzig. Von der Reisegesellschaft ist nicht viel zu sagen, indem es fast nur unindrehsanbe Bährsöhnlichkeiten waren, welche zum größten Theile aus Juden und Mosaikern bestanden, die alle auf die Messe nach Leibzig wollten. Da diese Leite nur immer von gefallener Schafswolle, gestiegenen Rindsheiden, Leder und anderen Vicdualichen sprachen, so konnte mich dieses nicht ansprechen.

Mein Nachbar, welcher auch ein Ißreelitaner war, frug mich einmal ganz heimlich im Vertrauen: ob ich nicht vielleicht etwas zu verkaufen hätte, wie z. B. alte Kleidungsstücke, Uhren,

Ringe; liebe Anverwandte u. s. w. könnt Ihr Euch eine solche Indcenfterie vorstellen? Aber ich habe es ihm jedoch auch gesagt, den Musjch Schmul: was er denn von mir dächte, ob ich denn aussehen thete, wie Einer der alte Kleider trägt, damit sollte er mir nur nicht kommen — und was man bei solchen Gelegenheiten noch für baffende Grobheiten anbringen kann.

Merkwirdige Gegenstende giebt es außer einen Dunnel auch wenig unterwegs zu sehn. Man fährt jedoch in der Meißner Gegend an die Weinberge vorbei und soll da die Säure und die Nachberschaft von dem Landweine so sehre auf die Eisenbahnschienen einwirken, daß jedes Jahr welche davon zerfressen werden. Auch die blankgeputzten Mässingschlösser an den Eisenbahnwagenthieren werden davon blind und ganz schwarz.

Auf einer Stadtzion setzte sich ein sehr gebildeter junger Mensch in unser Kuhbö, welcher es mir erklärt hat, wie es eichentlich mit den Thöleckgrafen zugeht, von welchen der Draht immer neben die Eisenbahn hergeht. Dazu braucht man nämlich die Oeleckderziehtöd, was in der Nacht von selbst klingelt, um die Bahnwerter zu wecken und welches Jeden einen Schlag giebt, welcher sich etwa unterstehen will, das Ohr an den Draht zu halten, um etwa eine Töpesche zu belauschen. So kamen wir unter einer sehr lehrreichen Konpferjazion in Leibzig an, wo uns ungefähr so zwei bis dreihundert Hausknechte von jeden Alter und Geschlecht auf den Bahnhof empfingen, welche größtentheils alle mit rothe Schirzen und Zikarren bekleidet waren. Diese brillten uns an, als ob wir daub weren, wie zum Ecksembel: „Stadt Rom, Stadt Hamborg, Stadt Wien, Stadt Breslau, Stadt Kotha" und was sonst noch für Städte auf die Landkarte liegen. Da ich nun dachte, dieses weren Reisegelegenheiden nach diesen Ortschaften, so sagte ich: „Nein, ich danke Ihnen, wir bleiben in Leibzig." Nun erklerte mir aber einer der Herren Hausknechte, daß sie nur die Rebresindanten von die Firmas von ihre Hohtells weren und daß sie nur hieher geschickt würden, damit ein Wirth den andern seine Gäste wegfinge.

Mein Reisegeferde von vorhin hatte mir aber schon unterwegs das Hohtell di Bolohnigeh empfohlen, wo es sollte ganz brima sein, denn ich wollte nun einmal nowel loschiren.

Ich gab daher Fritzen unsern Mantelsack, ließ mir dann die Richtung beschreiben, wo meine Obärsche liegen thäte und so verließen wir den Bahnhof. Kaum waren wir aber vor der Thüre, so stirzten wieder so ungesehr mehrere hundert zerlumbigte Gassenjungen von 10—40 Jahren entgegen und schrieen: „Habn Se nischt nich zu tragen? Soll ich Sie führen?" und so ähnliche Redensartigkeiten. Ich wies jedoch diesen Böbel mit vieler Wirde von mir und da einige nicht gutwillig gehen wollten, so drohte ich mit meinem Stocke. Aber ich hatte jedoch dieses kaum gethan, so fielen auch einige Tuzend von dieser Bande über meinen Fritze her, der mit den Mantelsack den stillvergnügten Beobachter der Zöne bildete und nun brigelte alles auf dieses unschuldlosige Lamm los, weil sie sagten: der insamigte Bengel (damit meinten sie Fritzen) nehme ihnen ihren Verdienst weg, weil er den Mantelsack tragen thete. Nach einigen Rippenstöße und Bambushiebe auf die Feinde gelang es mir, meinen Sohn Fritze wieder herauszuhauen, worauf wir weiter zogen.

Aber ich muß es gestehn, daß diese Empfangsfeierlichkeit, die man uns bereitet hatte, nicht eben einen künstigen Eindruck auf mich gemacht hatte. Doch sagte mir dann ein Leibziger, dieses were einmal in der Messe immer so, freilich were es ausser der Messe auch nicht anders. Aber was sagt Ihr zu diesen zackermenschten Kanallichen, lieben Anverwandten u. s. w., welche einen Sohn brigeln, wenn der Vater harthärzig gegen die Masse gewesen ist? Sollte da nicht einer Zetter und Mordioho schrein? Wie? He!

Doch will ich mich nicht lange bei diesen sielosofalistigen

Betrachtungen aufhalten, denn es ist schon spete. Wir loschiren also im Hohtell bi Bolohnigeh, wo wir freilich sechs Trebben hoch auf das Zimmer Nummero **470** musten. Es hies, die übrigen weren alle besetzt, weil Messe were.

Ich habe Euch jedoch gleich noch diesen Brief aufgeschrieben, doch muß ich Euch um Entschuldigung bitten, daß ich ihn im Schlafrocke und Bandoffeln und mit der Zibfelmitze auf dem Kobfe geschrieben habe, was eichentlich unanständlich ist, aber ich hoffe, daß Ihr mir diese Ebiekette nicht übel nehmen werdet.

Wie es nun aber auf der Messe in Leibzig und in der Umgegend aussieht, das sollt Ihr das nächste Mal hören.

Heute aber verbleibe ich

Euer geliebter Fetter und Bartikühlgeh,

Graf

aus Pirne bei Dresden.

Zweiter Brief.

Gelibte Anverwandte u. s. w.

Jedoch ist es nicht eben kein großes Blähsir nicht, die Leipziger Messe zu besuchen und geht es Einen manchmal hier sehr mühserabel. Ich habe es hingegen wegen meinen Fritzen seine Beleerung gethan, daß ich so lange hier bleibe, denn sonst were ich schon lange wieder in Birne.

Wie Ihr wißt, hätte ich mich doch in ein Hohtell eingemiedet und zwar oben sechs Drebben hoch hinten hinaus, was mir jedoch aber vor meine starke Kerperkonstitozion doch ein

bischen zu arg war, warum ich am andern Morgen meine
Rechnung verlangte, welche etwa so hieß:

Vor 2 Betten vor Herrn Grafen und seinen Sohn	2 Dhaler.	
Vor 2 Biffstückse und Kothlets mit Gemiese	1 Dhaler.	
Eine Budellche Schatto Marko	1 Dhaler,	12 Groschen.
Wackslichter	—	12 Groschen.
1 Briefbogen vor einen Brief an die lieben Anverwandte u. s. w.	—	4 Groschen.
Zusammen in Suma, Suma Rum	5 Dhaler,	4 Groschen.

Nun dieses war mir aber hingegen doch zu theier, denn
dafür kann Einer in Birne nebst Familiche 8 Tage wohnen
und noch dazu vorne heraus, erste Edasche, allein hier gab es
jetz einmal überall Meßpreise. Aber nun kam auch noch die
ganse Dienerschaft 3 Oberköllner, 12 Untermarkehrers, 7 Stu-
benmädels und 4 Hausknechte, welche alle wollten Trinkgelder
haben, was ich aber mit innerlichster Endristung zurückwies,
worauf besonders die Herren Hausknechte fast handkreiflig
wurden.

Ich nahm also dann meine Reisetasche nebst Fritzen und
suchte mir ein Brifabloschi, was allemal stets an die Thiere
angeklebt ist. Dieses ist aber nämlich so: die Stuhtenten,
was man in Leipzig Muhsensehne nennt, dirfen sich in die
Messe nicht in Leipzig aufhalten, weil da nicht gebumbt*) wird
und größtentheils der Muhsensohn außer die Messe nur von
den sogenannten höhern Bumb leben thut. Also in die Woche,
wo die Messe angeht, erhält die Uniserschitet Ferichen und der
Stuhtente verläßt Leipzig in großen Ziegen einer hinter den

―――――
*) Bumben ist nemlich ein atedämischer Kunstausdruck, und
heißt als wie: nicht bezahlen, liebe Anverwandte u. s. w.

andern darein, welches nur bei feierlichen Gehlegenheiten gemacht wird und Gänsemarsch heist. Hierauf wird von allen Thirmen geblasen und geläutet, theils weil die Muhsensöhne fort sind, aber hingegen auch, weil nun die Messe losgeht. Hierauf wird gescheiert, wo früher der Muhsensohn gewohnt hat und an die Thiere wird geschrieben:

Hier ist ein Meßloschi zu vermieden!

Ich ging also in so eine Meßvermiedung hinein und der Wirth führte mich in ein Zimmer mit Vorsaal, wo bis jetzt ein medezichnischer und ein deologischer Stuhtente drinne gewohnt hatte. Jetzt standen aber für die Meßfremden in der Stube sechs Betten ganz enge nebeneinander und in den Vorsaal auch noch viere. Es war mir nun zwar jedoch dieses nicht ganz lieb, da ich jedoch keine Kabitalichen und keine Breziosen nicht bei mir führte, so fragte ich nach den Breise.

„I nu sehn Se, härrn Se," sagte der Wirth zu mir (und ich schreibe hier diese Konfersazion grade so hin, als wie man in Leipzig wirklich spricht, damit daß Ihr daraus sehen könnt, wie sehr man noch dort in die Sprache und Krammobick zurücke ist), also: „sehn Se," sagte der Mann zu mir, „mein Kutester, der Breis is Sie ganz verschieden. In der Schtube kost ä Nachtschlaf in das Bette zwelf kute Kroschen, unter das Bette nur sechse, un uf'n Vorsaale kost't's in Bette sechse und drunter dreie."

Mir blieb vor Erstaunlichkeit der Mund offen stehen, denn daß die Leite unter die Betten schlafen, davon hatte ich doch noch niemals nichts nicht gehört, alleine aber da ich auf eine Reise alles merkwirdige sehn und mitmachen muß, so faste ich mich balde wieder und bestellte mir einen Blatz in die Stube in's Bette und vor Fritzen einen Blatz auf den Vorsaal unter das Bette, weil sich die Jugend immer abherten muß. Wie ich nun diese heislichen Angelegenheiten besorgt hatte, so ging ich nun aus, um mir Leipzig zu betrachten.

Um damit, daß Ihr eine richtige Ithee von die Messe bekommt, so muß ich Euch auch die histhorichte Erfindung davon erklären. Karl der Große, welcher nämlich vor mehrere tausend Jahren einmal Kenig von Deutschland gewesen, hat die Messen erfunden und dieselben grade nach Leipzig gelegt, weil hier ein Mittelbunkt ist, wo die ganzen deutschen Eisenbahnen zusammenstoßen, und also nirgends kein beßrer Blatz nicht sein könnte.

Die Messe aber wird so eingetheilt. Zuerst ist eine Woche, wo nichts nicht ist, das heist, wo eigendlich nichts nicht sein sollte, doch da kompten schon die Fremden an und ziehen die Muhjensöhne ab. In diese Woche wird auch schon regelmäßig von die Leipziger Wirthe das Bier getauft, das heist: zu einen

Seidel Waldschlößchenbier wird noch ein Seidel Wasser geschüttet und dieses nennt man dann das sogenannte **echt baierische Meßdoppelbier.**

Hierauf kommt die **Bettcherwoche,** welche auch noch von Karl dem Großen her abstammt, indem die damalige Messe nur aus Bettchern bestehen that. Zu jener Zeit hatte man nemlich noch keine Gläser nicht und die Ritter tranken nur blos aus die Fässer oder aus ihre Stiefeln, welches letzte jedoch

mehr unter die Bürgerlichen Mode war, woher auch noch das Sprichwort kommt, daß Einer einen rechten Stiefel vertragen kann. Damals kauften also die Ritter in der Bettcherwoche die Fässer, welche sie vor ihre Haushaltung bedürftig waren.

Nun kommt dann die sogenannte **Meßwoche,** in welcher

vor alten Zeiten die Birger von den Fässern kaufen durften, welche übrich geblieben waren. Jetzt aber ist dies anders und es kann Jedermann in der Woche vorher auch schon kaufen, wenn er nur Geld hat, denn man hat alle Standesunterschied= lichkeiten abgeschafft.

Dann kommt die sogenannte Zahlwoche, welche auch noch aus die Zeit von Karl den Großen übrig geblieben ist. Damals sollten nämlich die Ritter und Birger in dieser Woche bezahlen, was sie vorher gekauft hatten, weil zu jener Zeit die Schreibekunst noch nicht erfunden war und kein Kaufmann kein Schuldbuch nicht hatte. Jedoch waren aber die Herren Ritter damals sehr fiffig, denn sie reisten schon in die Meßwoche heimlich bei Nacht und Nebel ab, was man durchgehen nennt, damit daß sie in die Zahlwoche nicht mehr da waren und zu bezahlen brauchten, welches man bankgehrott heißt und also eichendlich also nur von die alten Ritter erfunden worden ist. Heutzutage ist jedoch aber diese Mode sehr gebreichlich ge= worden und wird von manchen Kaufleiten teischend nachgemacht, welche ebenfalls in die Beucherwoche einkaufen, die Meßwoche durchgehen und also die Zahlwoche nicht mehr zu finden sind, wie damals die Herren Ritter.

Hierauf ist die Messe alle und in Leipzig wird die alte Einfermlichkeit wieder hergestellt.

Dieses war also nun die his=horichte Erklärung, alleine aber jetzt kommen viele tausend Mienschen hier zusammen um zu schachern und zu handeln, welches man Kaufleite nennt, und welche man ihre Religiohn nach in Christen, Juden und Buchhändler eintheilt; ferner aber auch in **ankroh** und **au detalg**, welches französisch ist und auf deutsch heißt: ganse Kaufleite und einzelne.

Die Verkeiser werden nach die Straßen eingetheilt, damit daß man sie gleich finden kann, welches der hochedle Rath be= sorgen thut. Diese Eintheilung ist aber zum Beispiele so: auf den großen Marktblatze sitzen die kurzen englischen Waaren=

hendlerfabrikhanten aus Nirnberg; kindliche Spielzeigmacher von eben daselbst her, dann geschliffene und ungeschliffene Glasermeister aus Behmen, gemslederne Handschuh= und knecherne Zahnstochermachertierohler aus alle Theile von Teutschland nebst viele andre Indedustriezweige.

Auf die Hainstraße sitzen die groben und feinen Tuch=macher, sowie auch gestreifte und kahrirte Hosenzeigleite, welches letztere man auf idalienisch Bockskindshoien nennt und was sehr dauerhaft ist.

Von hier aus ist man auch gans nahe an den beriemten Brühl wie eine Straße heist, wo fast die ganse Judenschaft aus gans Eiroba zusammenströmt, um zu handeln. Es ist freilich nicht sehr angenehm in die Messe in dieses Stadtfiertel zu gehen, denn es riecht dort immer nicht sehr angenehm, was jedoch aber daher kommt, daß die polnischen Juden, welche besonders dort loschiren, sich nach die russischen Gesetze niemals nicht waschen dirfen, weil in Rußland alle Seifensieder wegen die Aufklärung durch die Lichter verboten sind, und also auch keine Seife nicht zu haben ist. Nun brauchen aber dafür diese polnischen Kaufleite als Reinlichkeitsmittel nur Knoblauch und Zwieseln, welche sie essen.

Mit Juden ist besonders die Messe sehr reichlich gesägnet, doch theilt man diese in drei Klassen, damit daß man sie nicht verweckselt.

Da giebt es also **erstens** die **Heppräher**, welche mit alte Gatterobungskleidern tröbeln und auf die Straßen immer brillen: „Nix zu handeln!" was sehr nersenschwach klingt, so daß Einen manchmal der Kobs brummt.

Zweitens giebt es **Mosaiker**, welche mit neue Kleidungsstücke handeln und auf Marktschreierei stuhthieren; sie stammen gewehnlich aus Berlin und die Leipziger Schneider haben diesen Mosaikern schon lange den Tod geschworen, allein aber die Schneider haben niemals keine Kuhrasche nicht.

Dann hat man auch **drittens** noch die sogenannten **Jßreelitaner**, welche besonders Geldgescheste machen und sich auch ofte daufen lassen, wo man sie dann **Bankgehs** nennt; alleine aber mir hat ein erfahrener Mann gesagt, daß die Daufe immer nur zum Sbaße were und auf die **Brohzentnerchens** keinen Eindruck nicht machen thäte.

Auch wird viel in das Ledergescheft gemacht, wie man sich auf kaufmännlich ausbrückt, und die rindernen, kelbernen und schaasernen Lederhendler stehen auch wieder auf eine Straße zusammen, weil sie so übel riechen, was jedoch hingegen mehr von das Leder herrührt. Die Straße, wo jetz die ledernen Kaufleite versammelt sind, nennt man die Ritterstraße, weil hier bei Karl den Großen seine Zeit die schönsten Loschis waren, welche sich die Ritter aneichneten, welche dann immer mit die von die Bettcher geborchten Fässer durchgehen thaten.

Die Bettcher standen damals auf einem großen Blatz in der Nachbarschaft, welcher noch jetz zu sehen ist und welchen man Eselblatz nennt, um damit daß hieraus Jedermann sich ein Ecksembel nimmt, wie dumm dazumals die Bettcher gewesen sein müssen, daß sie haben den Rittern so viel auf Kröbür gebumbt, was heutzutage freilich niemand nicht mehr thut, liebe Anverwandten u. s. w.

Unter andern kommen auch mehrere tausend fremde Schuster auf die Messe, wo dann so viel Schuhwerk zusammenkommt, daß man damit könnte ganz Deutschland besohlen, beflecken, vorschuhen und wicksen und bliebe wohl auch noch immer etwas Absatz nebst Zwecken und Wickse vor Frankreich oder einen andern Nachbar übrig.

Aus diese kleine naturgetreihliche Schilderung könnt Ihr Euch ungefehr ein Bild von die Messe machen, alleine hingegen dazu kommen noch eine firchterliche Masse andere Kaufleite, welches man Einkeifer nennt und welches von allen Enten von die Welt herkommt. Da sieht man auf die Straße Ehgiebziger, Tirken, Preisen, Amehrikahnischer, Baiern, Eßtreicher, Fransosen, Jdaligähner alle in ihre Landestracht, welches aussieht als wie eine Massekehrathe oder Karnewall und dabei kein Angdreh nicht kostet. Es war auch ein Mohr darunter, ein gans schwarzer, so schwarz als wie unsern Stadtrichter sein Budel, allein dieses war nur ein Kellner in eine Wirthschaft, wo man Bier, Bunsch, u. s. w. verschenken that. Dieses heißt aber nicht etwas verschenken vor umsonst, liebe Anverwandte u. s. w., sondern hingegen nein, es heißt verschenken aber vor Geld und ist blos eine Sbrachfehler= haftigkeit, denn in Leipzig schreibt man immer: Hier wird Wein Bier ver sch enkt, ist aber trotz dem dabei doch sehr theier.

Aber es wird vielleicht in gans Deutschland zusammenge= nommen nicht so viel Musik getrieben, als wie auf die Leip= ziger Messe, was wohl von daher kommen mag, daß man dort eine Erziehungsanstalt für die Musik hat, welches man Konsehrfaborium nennt. Auf die Straßens sieht man in die Messenszeit alle zehn Schritte ein Musikkohr, welches man Bande nennt, und was größtentheils nur aus Blaseninstrumendern besteht; diese klingen aber oft sehr fehlerhaftig und unortegrafisch, warum sich doch eichentlich die Bohlizei mehr in diese Musik legen sollte. Manchmal besteht auch so eine Musikbande nur aus eine Bärsohn, als wie zum Beispiel aus einen blinden Keicher, oder einen lahmen Drombeter, oder einen verstimmten Leierkasten, welches dann mehr dazu da ist, um die Mitleidlichkeit aufzuregen und keinen musikalischen Werth nicht hat.

Am unangenehmsten in die Musik sind aber hingegen nur die Harfenmädels und besonderlich die alten, wovon auch an mehrere Tausende auf die Messe kommen. Nun ist dieses aber so: Gewehnlich sind drei Harfenmädels zusammen, wovon aber die eine ein Mannsbild ist und Flöhde oder Fioline blest. Wenn nun diese Sibschaft in eine Rehstörrazigon ein Baar altmodigte Stückchens gespielt hat, was man Kassenhauer nennt, so geht dann die eine weibliche Harfenmamsell herum mit eine zerbrechene Tasse und ein schmuzigtes Notenblatt um einzusammeln. Wenn nun aber manchmal einer von die Geste vielleicht Nichts nicht geben will, oder wenn er grob wird, so kommt dann diejenigte Harfenmamsell, welche ein Mann ist, und welche gewehrlich L u i heist, dazu und wirft den Unzufriedenen von vorhin hinaus. Nun, mir sollte nur einmal so ein H a r f e n = l u i kommen, oder ein ähnlicher Fall, liebe Anverwandten u. s. w., ich wellte mich schon zur Wehre sitzen, allein aber ich finde doch diese Miode etwas gar zu sehre baarpaarisch. Diese Einrichtung soll übrigens auch noch aus die alte Zeit von Karl den Großen herabrühren, wo man dazumals diese Harfenmädchens Mienesengers genannt hat.

Man glaubt aber jedoch gar nicht, wie viel es Rehstörrazigionen und Gastheiser in Leipzig gibt, allein hingegen das gute Bier ist dennoch sehr selten. Ich habe zufellig die Bekanntschaft von einen sehr gelehrten Brofessor gemacht, welcher mir sagte: daß man, wenn Einer wollte recht gutes Bier trinken, so müßte er allemal hingehen, wo ein recht grober Wirth wäre, denn da wäre das Bier allemal gut, allein wo dann hingegen der Wirth sehr heflich ist, sollte allemal das Bier schlecht sein. Dieser erfahrene Mann hatte auch ganz recht gehabt, denn ich habe auch in Leipzig das beste Bier, und noch dazu ganz ächt baiersches bei einem mordsgroben Wirthe gefunden, welcher alle Tage wohl ein Baar Duzend von seine Geste hinauswerfen thut. Um damit daß diese Hinausschmeisung einen richtigen Efseckt macht, so wohnt er in die erste Edasche, weshalb es allemal dichtig blautzt, wenn Einer herunterfliegt. Wern in die Messe das Geschest flott geht, so liegen manchemal dort fünf bis sechs heruntergeworfene Menschen unten an die Treppe, was freilich eine üble Angewöhnlichkeit ist.

Der gesellschaftliche Thon in die Gastheiser in Leipzig, was man das Kneibenleben nennt, ist oft sehr unangenehm, weil so sehre viel Tobak geraucht wird, der sehr in die Augen beist, doch giebt es auch sehr viel feine Tabeschieen, wo es aber in die Messe sehr bund hergeht und wo immer zu gewissen Zeiten eine Brigelei ist. Besonders ist diese an die **Meßsonntage** der Fall, wo sich überdies kein Leipziger nicht ruhig zu Bette legt, wenn er nicht wenigstens fünf Dhaler verzehrt hat.

Ihr werdet aber nun fragen, liebe Anverwandte u. s. w., wo immer der Stoff zu einer solieden Keilerei herkommt, alleine dieses ist nicht schwer zu finden. An die Meßsonntage ist überall Konzert und wenn nun die Musik alle ist, und die Musizieh wollen fort, so schreit ein Theil von die Geste: Immer noch Musik! Die Märzellgehse! (dieses ist nämlich ein franzehsisches krakehlerisches Rehvolluzionslied und stark von die Zenzur verboten!) Wenn nun also der eine Theil so schreit, so schreien die Andern: Schtille! Raus! Maul halten, liebe Anverwandte u. s. w., welches nun freilich eine Inguhrigeh ist. Wenn nun der Lerm nicht aufhört, so fängt endlich die Musik auf **allgemeines Verlangen** an zu spielen, was an meisten gerufen wird. Sind also die Rehvolluzigohneser die Mehrzahl in das Geschreie, so spielen sie die Märzellgehse, oder aber sind die Haltsmaulschreier stärker, so spielen sie zum Beispiel: Schier dreißig Jahre — den alten Theesauer — blühe liebes Feilchen, oder eine andre sanftmiethige Kammbaßizigon und nun geht die Brigelei bei Musik los, weil immer eine Bardei sich beleidicht sihlt. Zu allererst werfen sie sich gewehnlich die Flaschen an die Köbfe, dann die Stihle, dann fahren sie einander in die Haare, welches so lange dauert, bis endlich Bohlizei kommt. Aber hingegen vereinigen sich nun auf einmal die Kembfer und werfen zuerst mit gemeinnützlicher Anstrengung die Bohlizei hinaus, worauf wieder die Brifadkeilerei beginnt. Zum Schluße kommt dann die Bohlizei mit versterkte Kräfte wieder und arretirt alles was noch da ist, was man dann den schönsten Tag dieses Lebens nennt. Ich war am letzten Sonntage mit bei diese Meßfeierlichkeit, allein ich war bei den-

jenigen, welche nach die Märzellgehse schrien, weil ich diese Ähriche noch nicht kannte und weil mir Einer sagte, daß dies verboten wäre, wie damals die Erkenntlichkeitsäbsel bei Adam und Esahn in Baaradiese. Ich habe denn bei das Hand=
gemische eine Flasche auf den Kobf gekriegt, aber auch einen mit einem Stuhlbeine in das Genicke geschlagen und auch die Bohlizei mit hinausgeworfen. Dann drickte ich mich aber, ehe die zweite verbesserte und vermehrte Auflage von die Diener von die Gerechtigkeit gekommen sind. Alleine aber Fritzen hatte ich nicht mit, weil dieses blos ein Vergnigen vor Erwachsene ist, wie vor mich und Euch, liebe Anverwandten u. s. w.

Ihr habt also gesehn, daß es sich recht gemiethlich mit=
unter in Leipzig leben läßt, aber dabei hätte ich balde ver=
gessen Euch zu schreiben, wie schlecht es mir die erste Nacht gegangen ist.

Ich war nämlich mit Fritzen ganz gehörig den ersten Tag herumgelaufen und hatten sie uns in das Gedrenge auf die Straßen derb herumgeschubst, so daß wir ganz ermiedet in unser Loschi ankamen, was man Schamberkahrni nennt. Unser Wirth gab uns ein Licht und wünschte uns eine wohl=
zuschlafenwerdenmögende Nacht, womit wir die Trebbe hinauf=
stiegen. Aber jetz fing ich mich doch ein bischen zu firchten an, wie ich die Menge Betten in dieses kleine Zimmer sah. Jedoch faste ich endlich wieder meine Muthigkeit zusammen, weil mir doch der Wirth gesagt hatte, daß bei ihn nur öhr=
liche Leite wohnen theten, für die er alle karangthieren kennen thete. Wie ich mich beruhigt hatte, war ich froh, daß wir wenigstens noch die Ersten von die Schlafgesellen waren.

Als wir uns nun in unser Nachtnäkelscheh eingekleidet hatten, ging ich mit Fritzen auf den Vorsaal hinaus, weil dieser dort einen Dreigutegroschenblatz unter das eine Bette hatte. Der dumme Junge firchtete sich aber jetz auch ganz besonders, daß er da drunter kriegen sollte, weil noch dazu das Bette gleich an die Trebbe stand. Ich war also benöthigt, hin noch einmal dichtig durchzubrigeln, um damit daß er erst wieder Muthigkeit faste. Wie er unter das Bette gekrochen war, wohin ich ihm noch einen Hieb und meinen Mantelsack

als Kobfkissen gegeben, zog ich mich in mein Schlafgemach zurück. Ich will also in mein Bette steigen, welches Nummeroh Finfe war, als ich auf einen Gegenstand unter daßelbe trete, welches weichlich war und mich nun bletzlich in die Beine knipp, warum ich sehr erschrack. Ich leichtete also noch einmal unter das Bette und sahe da, daß dieser weiche mich geknippenhabende Gegenstand auch ein Meßfremder auf den Unterdasbettesechsgutegroschenblatz war, der doch schon vor uns gekommen war und den ich aus Versehn auf die Nase getreten hatte. Glücklicherweise war er nicht ganz aufgewacht, sondern hatte sich auf die andre Seite herumgedreht, so daß ich noch ohne Grobheiden weg kam. Ich blies also meinen Leichter aus und kroch in mein Bette, welches mir etwas breiter vorkam, als diejenigen, welche man gewöhnlich in Leipzig findet, wo der Kerper auf alle vier Himmelsstriche darüber hinausgeht. Ich fühlte mich daher sehr wohl und befand mich balde in die Armee von Mohrfeisten, wie die Türken den Gott von den Schlafe nennen und den sie anbeten und hoch verehren.

„He da, rücken Sie zu!" brüllte mich aber auf einmal eine Stimme an, welche zu einen Menschen gehörte, der ebenfalls in einen Nachtkostihm mit eine Lambe in die Hand vor mein Bette da stand.

Da ich dachte, daß dieser Fremdling sich mit mir einen schlechten Witz gestatten wollte, so gab ich ihm mit die geballte Faust einen Hieb, von welchen er den Aden und die Lambe verlor. Jedoch fand sich beides wieder und nun fing er einen Lerm an, worin ich mit hineinstimmte, bis der Wirth kam, welchen ich die Sache erzehlte.

Aber nun denkt Euch, was dieser Lumb sagte. Er sagte nämlich: „Ja sähn Se, mei kutestes Herrchen, das missen Se sich freilich gefallen lassen, denn zweee oder dreie schlafen hier allemal in eenen Bette, sonsten komme ich nich uff meine Kosten, härn Se!"

Und damit war der Wirth auch schon wieder verschwunden und der Fremdling, welcher seiner Sbrache nach aus eine ungebildete Brofindsialstadt gebiertigt war, kroch also auch mit ganz ruhig in mein Bette. Nun, da dieses hier einmal so gebreichlich zu sein schien, so beruhigte ich mich, und rückte ich auf die andre Seite, wo ich versuchte, wieder einzuschlafen, was mir nach einige verteblichen Versuche endlich glücklich gelang.

Allein ich mochte wohl kaum eine Viertelstunde so geschlummert haben, wobei mir mein Nachbar immer die Bettdecke so weit auf seine Seite zog, warum ich fror, so erhalte ich auf einmal auch wieder im Schlafe hinterdickischer Weise einen Rippenstoß auf die entgegengesetzte Seite von vorhin. Wie ich mich nun mit einiger Mühseligkeit aus den Schlafe rittle, so steht schon wieder ein Mann da, mit einem Nachtlichte in der Hand, der mich geweckt hatte.

Er rief mir mit sehr grober Anstendigkeit zu: „Na jetz rücken Se mal een bisken zu, Jeliebtester, oder ik schmeiße Ihnen rausser. Verstanden!" Nun zu verstehen war dieses schon und ich hörte auch gleich an den Theoleckt, daß dieses ein Preise war, aber mir blieb dennoch vor Erstaunlichkeit der Mund gans weit offen stehn. Jetzt faßte mich aber der krobe Preise gans ruhig an die Schuldern und schob mich auf die gegenüberliegende Seide, wobei er selbst wie der Wind unter die Bettdecke war. Durch den Stoß hatte ich aber mit meinen ersten Nachbar zu heftig karlrampolirt, womit er aus die Gleichgewichtigkeit kam, und mit einen starken Blautz aus das Bette fiel. Als er sich aber wieder aufgerichtet hatte, so fiel er wie withend auf mich los und schob mich mit großer Feementz wieder auf die andre Seide, wodurch aber nun der Preise mit einiges Gedöse hinausfiel. Dieser wurde nun freilich mit unangenehmen Redensartigkeiten gans und gar ecklich und fing sogar an zu keilen, wobei ich jedoch nach den Wirth

schrie. Allein dieser aber war schon zu Bette und hörte nicht mehr, worauf wir unsre Wortverwechslungen unter uns fort=

setzten, denn ich wollte es mir nicht gefallen lassen, daß es auf die Leipziger Messe Mode, daß drei Mann hoch auf einmal in ein Bette schlafen. Wie nun unsre Streidichkeiten zu arg wurden, so erhoben sich aus die andren Betten allemal zwei bis drei Bewohner mit Nachtmitzen auf dem Kobse, und die unter die Betten kamen auch hervor und alle schrien, daß sie uns dreie wollten hinausschmeissen, wenn wir wollten nicht endlich stille sein, worauf wir freilich stille sein musten.

Aber dieses wünsche ich Euch einmal mit durchzumachen, liebe Anverwandten u. s. w., drei Mann in ein Bette, wovon Einer in die Mitte, welches ich war, daß mir die Schweisdrobsen immer stromweise aus alle Bohresse drobsten. Dabei schnarchten alle, daß immer das ganse Haus zitterte und dieses soll zu einer Vergnigungsreise gehören? Nein, dafür bedanke ich mich. Ich erlangte auch in diese Nacht einen derben Schnubsen von die Erkeltung.

Als ich an dem andern Morgen aufwachte, waren glücklicher Weise meine Schlafnachbarn schon alle fort, sonst hätte ich sie mir einmal bei Tage besehn und ihnen mohrus geleert, wie man auf ladeinisch vor Sittlichkeit sagt. Nun rief ich den Wirth, der mir aber gleich erzehlte, daß mein Fritze die Nacht den Kondrakt gebrochen hätte und sich in das Bette gelegt. statt darunter zu liegen.

Erzirnt hierüber rief ich ihn und nun gestand mir es Fritze auch, daß er die Nacht wohl müste sehr lebhafte Treimereien gehabt haben, wobei er unter den Bette hervor und die ganze Trebbe hinunter gekollert were, worauf er sich ohne seinen Vorsatz wieder heraufgesucht und aus Versehn in das Bette, anstatt darunter gelegt hette.

Nun aber diese Redensartigkeiten, die ich den Herrn Wirthe zu hören gegeben habe, die hätte ich Euch gewünscht, liebe Anverwandte u. s. w. zu hören, denn diese waren nicht aus ein Kombelmenthierbuch gesammelt. Allein der Kerl sagte mir immer: "Ja mein kutestes Herrchen, das is nu uff der Messe eenmal so, da muß der Mensch was verdienen und der Fremde muß sich was gefallen lassen, härn Se!"

Voll Endristung habe ich dieses Nachtkwarthier bezahlt; zwölf Groschen vor mich und neune vor Fritzen, weil dieser erst unter den Bette vor drei gute Groschen und dann auch noch darin gelegen hatte vor sechse, macht also neune und zwelfe macht Zweinnbzwanzig.

Wir zogen auf die Stelle sogleich aus und haben jetzt ein Loschi bei sehr bescheidene Leite gefunden wo ich meine Bekwemlichkeit habe.

Ich muß nun aufhören, weil ich auf den Bodensatz in die Dinte gekommen bin, wodurch die Schrift sonst zu grob wird, womit ich verbleibe

Euer
geliebter **Graf.**

Bost skripdumm. Was nun noch Sehenswirdiges in die Stadt, auf die Messe und Umgegend zu sehen ist, schreibe ich Euch auch noch das nächste Mal.

Dritter Brief.

Gelibte Anverwandten u. s. w.

Nie kommt kein Unglück nicht alleine,
Wer Pech hat, trifft nie keine Meine.

Dieses ist einer von die Sprüche aus die „**Weisheit und Dugent in kleinen Oktafen**" aus welchen Buch meine Schulbildung gebildet geworden ist und was ich mir bis jetzt immer noch gemerkt habe. Wenn man freilich alle Schicksälers vorher wiste, so hette ich Fritzen nicht alleine fortgehen lassen, alleine aber ich will Eure Engstlichkeit nicht weiter abspannen und die Sache kurz erzehlen.

Es waren sehr nette Leite, bei welche wir uns nach das Nachtabendeier eingeloschirt hatten, so daß wir gradezu mit in den Kreis der Famihliche hineingehörten. Eines Abends schicke ich also Fritzen, den dummen Jungen, lieben Anverwandten u. s. w. zu einem Briefbabierhendler um an Euch zu schreiben. Ich unterhielt mich einstweilen mit den Sohn von unsern Wirth, welcher ein erster Helde und grausamer Vater in ein Liebhabereitheader war und immer in Ferßen sprach, übrigens jedoch ein Schneidergeselle war. Da aber Fritze gar nicht wiederkam, so begann ich etwas unruhig zu werden, welches jedoch auch nichts nicht helfen that. Um mich zu zerstreien, theeklamerirte der Schneider einstweilen seine neue Rolle aus das Lustspiel: Die Schulden, was ein gewisser Müller gemacht hat, allein aber dieses half auch noch nichts nicht und meine Unruhigkeit wurde immer bedeitender.

Endlich nach einer Stunde thut sich auf einmal die Thüre auf und mein Fritze nähert sich nebst ungeheiern Jubel und ein Goldstück in die Hand, aber nur noch mit sein — — ich schäme mich ordentlich, dieses hinzuschreiben, liebe Anverwandte u. s. w. und wenn etwa Untersbortelkahsicers Malichen sollte dabei sein, wenn Ihr den Brief leset, welche allemal so sehre roth wird und sich vor die ganze Gesellschaft schämt, so sagt ihr: sie sollte einstweilen vor die Thüre gehen, aber nicht an das Schlüsselloch horchen, wie es die Mädchen immer thun. Also nachdem nun Malichen hinaus ist, theile ich euch mit, daß Fritze hereintrat grade so, als wie man die lieben Engelchens abgemalt sieht, nur daß er anstatt die Flügel wenigstens noch ein Hemde an hatte. Ich wuste gar nicht, was ich denken sollte und dachte schon, sie hätten mir vielleicht meinen Fritzen verwechselt, wie solches ofte mit die Weisen- und Pfündelkinder gemacht wird.

Aber auf einmal spricht Fritze ungesehr so zu mir: Geliebter Vater u. s. w.! Indem da Du mich hast vor den Kaufmannsstand bestimmt, so sagtest Du, daß man sich müste frihzeitlich an die Handlung gewehnen. Nun traf ich auf die Straße einen Mann, welcher mir so lange zugeredet hat, bis ich ihn mein Hawit vor ein Goldstücke verkauft habe, wofür ich könnte morgen dreie dafür kaufen, wie er sagte, was hier in die dunkle Hausthüre geschehen ist.

Ich war wie aus die Wolken hinaus gefallen, wie ich dieses hörte und nahm also Fritzen gleich in Empfang, indem ich ihn auf einen Stuhl legte und vor diese Dummheit, welches eine Spitzbiberei war, meinen Bambos zu fihlen gab. Der Schneider, welcher noch Augenzeuge bei dieser heislichen Zehne war, war ganz gerihrt dariber, daß Fritze wenigstens wiedergekommen war. Die Threnen liefen ihn immer über die Backen hinunter und er theeklamerirte dazu das Schluß= lied aus Müllern seine S c h u l d e n:

  Und die Dreie ist doch kein Lehrerwahn,
  Denn in die Aermel liegen sich beide
  Und weinen vor schmerzlicher Freide.

Damit konnte er jedoch nur Fritzen meinen, welcher frei= lich weinte und heilte. Dieses war jedoch nur der erste Schreck, denn als ich mir nun den Dukaden besah, welchen der falsche Vetricher meinen Sohn eingehendigt hatte, bemerkte ich, daß dieses kein Dukaden nicht, sondern nur eine ganz ortinehre Sbielmarke war, das Duzend vor einen Sechser. Auf diese Entdeckung widmete ich Fritzen die zweite verbesserte Auflage von Keilen, denn ich war sehr withend und hette kennen zu einem Selbstmerder an ihm werden, wenn mich nicht der sen= bimentalische Schneider noch zu rechter Zeit mit einige Ferse in die Arme gefallen were, um den Blutbad ein Ende zu machen.

Am andern Morgen war ich etwas beruhigter und kaufte bei einen fertigen Kleidermageziehnhendler ein ganzes Kostihm

vor Fritzen vor zwei Dhaler Kuhrand, welches man doch
denken sollte, daß dieses müste gestohlen sein.

Ich hatte aber noch nicht die Absicht fahren gelassen,
Fritzen einen Kaufmann werden zu lassen, indem daß er Da=
lend zum Handel eichentlich gezeigt, obgleich er dumm
gehandelt hatte. Alleine aber Handel bleibt Handel.

Wir setzten nun unsre Wandrungen auf die Messe fort,
wo nun auch der große Platz zu bemerken ist mit die Sehens=
wirbigkeiten. Dieses soll ziemlich grade so sein wie in die
Dirkei, indem hier ein Schkandaal ist, als were der Teifel
los, liebe Anverwandte u. s. w. Hier kann nämlich Einer
vor Musik, Kahrosellers, Bratwirstchen, blinde Musikanten,
Schmutz, Aebfelweiber und vieles andre gar nicht zu Worte
kommen, doch giebt es viel zu sehn.

So sind zum Beispiel Maschienirien da, in welcher Einer
seine zukünftige Gelibte sehen kann. Diese besteht nämlich in
einen Blächtobf (das heist die Maschiene, nicht etwa die Ge=
libte!) in welcher eine Oeffnung ist, wo man hineinsieht. Ich
fragte den Besitzer, welcher in einer alten Frau und einen
Kinde bestand, ob ich denn auch meine verstorbene Frau
dadrinne sehn könnte, und da dieses vor zwei Neigroschen auch
möglich war, so endschlos ich mich, diese Summe zu riskiren.
Hierauf legte ich also mein rechtes Auge an das Loch in den
Blächtobf, hielt das linkse zu und sah jedoch noch nichts nicht.
Allein aber nun blies das Kind in das Kohlenfeier, welches
unter den Blächtobf stand, daß mir davon der Rauch in die
Augen die Threnen zusammenzog, wobei es auf einmal helle
in den Tobfe wurde und ich in den endfernten Hindergrunde
desselben eine Figuhr erscheinen sah, welche grade so aussah
wie ein Bild aus ein Modeschurnal. In denselben Momende
schob aber auch die Frau schon wieder die Klappe an den
Blächtobf zu, womit es wieder finster wurde. Wie sie mich
nun fragte, ob es meine frühere Gattin gewesen wäre und
wie ich daran zu zweifeln mir gestattete, da wurde die Alte

noch grob und sagte: das müßte sie doch am besten wissen, daß
sie es gewesen were und mir ständen ja noch jetzt die Threnen
der Rihrung in die Augen (welches jedoch nur von den
Rauche war!) Ich gab mich also zufrieden, weil schon wieder
ein junger Mensch in den Topf gucken wollte, um seine Zu=
kinftige darin zu endecken. Sie machten es mit ihn grade
als wie mit mir, und schoben ihn sehr rasch die Klappe vor
die Nase zu. Da ich mich über diese sonderbare Erfindung
dennoch unterrichten wollte, so fragte ich heimlich den Jingling,
was er in den Topf gesehn hette, worauf er mir beschrieb, daß
es auch so eine Madam aus Baumgertners kohlerir=
tes Modejournal gewesen were, wohingegen er bis jetzt
noch keine Gelibte nicht hette und also diese darin Gesehene

seiner Zukünftigen ähnlich sehen sollte. — Aber da fühlte ich
hingegen dennoch Mitleidigkeit mit den Jingling und flisterte
ihm in das Ohr: „Unschuldiger, betheerter Freind, wenn die
Sache so ist, daß der Alten ihr Blächtopf kein Ligner nicht
ist und wenn dieses darin vorhin wirklich meine verstorbene
Gemahlin gewesen ist und wenn ihre Zukünftige meiner Ein-
stigen wirklich so sehr ähnlich sieht, so thun Sie sich den ein-
zichen Gefallen und gehen Sie Ihrer Zukünftigen so viel wie
möglich aus dem Wege, denn Sie können sich dann manchen
Puff und manchen Zank ersbaren, wenn Sie lieber ein ledig-
ter Junggeselle bleiben."

Eine Thräne des Mitgefihls trebfelte dabei aus dem Jingling seinen Angesichte, er drickte mir die Hand und sagte:
„Wees Kott, hären Se, ich wees nich was Sie wollen!" Und
damit schlengelte er sich wieder in die Menge und ich hatte
das Bewußtsein, einen Unglicklichen gerettet zu haben.

Von die große Menge Mehnahscherien mit wilde und
zahme Thiere will ich gar nicht reden und hat mir Jemand
gesagt, daß mit diesem Gescheft sehr viel Betricherei getrieben
würde, indem man ofte große Hunde in Lewenheite einnehen
thete, was freilich schoffel ist und nicht das Geld werth. Aber
hier hinein sollte sich doch auch die Bohlizei legen und sich
von jeden fremden Thier wie von die Menschen Geburtsschein,
Heimadschein und Baß zeichen lassen, denn wo die Thiere ge-
boren werden, ist doch auch Bohlizei und wenn sie sich wollen
vor Geld sehen lassen, so müssen sie auch vor ihren guten
Ruf etwas thun.

Zu die Bereitereikinstler habe ich Fritzen auch nicht mitgenommen, denn es mag sein wie es will, es baßt nicht vor
die Jugend und Driko bleibt Driko, warum auch Fritze zu
Hause bleiben muste.

Dahingegen habe ich ihn mit besonderlicher Beruhigung
mit in das abgerichtete Affentheeader genommen, woraus ein
Mensch ungeheier viel lernen kann, indem es Leite giebt, liebe

Anverwandten u. s. w., welche an Kultuhr noch weit hinter
die Affen stehen. Diese Affen, wovon auch einige Budelhunde
waren, übertrafen an Geleersamkeit Alles, was der Mensch zu
leisten vermag. Da war zum Beispiel Einer, welchen sie
Ohrankuhdamm nannten, welcher besonders an Heslich=
keit die ganz übrichte Trubbe übertraf. Derselbe nahm vor
Jedermann die Mitze ab und bickte sich dabei so tief, daß er
mit die Nase an seine eichenen Fußzehen sties. Nun sagt
aber an, ob dieses nicht ganz vorziglich ist. Solche Heslichkeit
findet man nicht einmal bei die Menschen, denn da ist zum
Beispiel der Vorsteher von unsre geschlossene Gesellschaft in
Pirne, welches doch weiter auch nichts nicht ist und wo ich
auch Mitglied bin, wenn ich also manchemal Abends in die
Gesellschaft komme und mache den Vorsteher meinen Bickling,
so ist der stolze Dingrich so grob, daß er nicht einmal Einen
danken thun kann, wenn ihm unser Einer grüsen thut und
ich habe doch auch Geld und mein Geld ist doch auch kein
Bläch nicht. Aber dieses weis ich, wenn in unsre Gesellschaft
wieder einmal Vorsteherwahl ist, so schlage ich dann zum
Thüreftor den grosen Ohrankuhdamm aus das Affentheeader
vor, denn ich habe noch keinen so heslichen Menschen nicht ge=
sehn, wie dieser Affe war. — Auch war noch eine Affenmadam
oder Mamsell da, welches wahrscheinlich eine Anverwandte
u. s. w. oder gar die Gemahlin von den großen Affen war,
welche sehr geschickt auf die Gidarre sbielte und dabei so stolze
und verlibte Blicke durch das Bublikum hindurch blicken lies,
als wie Thoreinnehmersubstithutens Jettchen in Pirne, wenn sie
in das Famihlichenkonzert singt, was sie denkt sie kann es
ganz alleine. Aber mein Fritze hat auch eine schöne Stimme und
singt eben so gut als wie Jettchen, vielleicht auch noch besser,
nur daß er dabei kein Mädchen nicht ist. Wenn zum Beisbiel
Fritze zu Hause Lützhobfers wilde verwechene Jagd=
bartie singt, so kann er schreien, als ob er am Sbiese stecken
thäte.

Von die übrigen Sehenswirdigkeiten als wie Wachs=
fichurenkabinetters, Kinder mit zwei Köbfen, Bahnohnrahmas,
liebe Anverwandten u. s. w., will ich gar nicht reden, weil
dieses Alles auch auf das Vogelschießen nach Pirna kommt,
wo man es vor eine Wenigkeit sehen kann.

Ich muß jedoch hierbei noch eine Merkwirdigkeit erwehnen,
welche man ebensalls nur in Leipzig findet und welche aus
einem Bier besteht, das man Gose nennt. Woher daß dieser
Name stammt und was er bedeiten soll, dieses weis ich nicht,
allein aber es muß eine sehr große Alterthiemlichkeit sein, indem
es immersortwährend sehr sauer schmeckt. Dieses Bier sieht
nämlich ganz blasgelblicht aus, ungefähr als wie wenn es drei
Tage lang auf Lehm geregnet hat und schmeckt ziemlich wie
saure Aebsel, indem es auch ganz dieselbe Wirkung hervor=
bewirkt. Wie verschieden in das menschliche Leben doch alle
Geschmäcker sind, dieses sieht man auch hieraus deitlich, zumal
da ahno Achtzehnhundertdreizehn die Kohsacken auch am liebsten
rothe Dinde trinken thaten, da ihnen unser übriches Bier in
Pirne nicht stark genug war. Diese Leipziger Gose ist nun
wahrscheinlich für die Kohsacken gemacht, damit daß dieselben
dennoch etwas recht bikandes finden, wenn sie wieder einmal
hierher kommen; alleine aber in die Zwischenzeit, wo sie nicht
da sind, da trinken die Leipziger die Gose, welche sich in breit=
gekwetschte Glasflaschens mit ein Virtel Höse unten drine
und ein sehr dinnen Hals oben drauf aber ohne Stöbsel,
weil sonst die Gosenseire das Glas durchbeist. Es ist nun
auch eine große Kunst diese Gose so einzuschenken, daß damit
keine Hösen nicht mit hinein kommen, weil sonst daraus Leib=
schneiden und Kohlera endsteht. Pfui Teisel, liebe Anverwand=
ten u. s. w., da lobe ich mir doch lieber ein solides Tebschen
Beiersches, denn wenn dieses auch bitter schmeckt, so weis man
doch warum!!

Vor einigen Tagen hat nun auch die Buchhendlermesse
ihren Anfang begonnen, welches auch sehr indrehsand ist und

in die ganse Welt nur einmal ecksiehstirt. Wenn nämlich der Hauptlerm von die Messe, welches Meßschwindel heist, beseidicht ist, so versammeln sich hier die gansen Buchhendler zusammen, weil sie mehr Ruhigkeit brauchen, als wie die andern Kaufleite, indem daß sie sich mehr mit geistlichen Arbeiten bescheftigen.

Sie kommen alle in einen großen Saal, welches man die **deutsche Buchhendlerbörsche** nennt, und wo lauter einzelne Tischchen stehen mit Schreibermaterialihen. Wie ich nun mit Fritzen hineintrat, so fiel es mir besonderlich auf, daß sie sehr viel von Kräbsen sprachen, wobei jedoch allemal einige lengliche Gesichter dabei zogen, als ob wenn sie saure Gose getrunken hetten. Mir war dieses im Anfang sehr sonderbar, indem da ich dachte, daß ich doch auf keinen Fischmarkt nicht wäre, wo sie mit Kräbsen handeln, welche vielleicht gestorben waren und faulicht geworden, damit daß die Leite dabei solche Gesichter ziehen theten, allein aber ich roch dennoch nichts der gleichen nicht. Endlich aber sagte mir es ein Herr, daß dieses die alten aufgeschnittnen und beschmutzigte Ecksemblare von die Bücher sind, welche kein Mensch nicht will, warum damit wahrscheinlich die todten Kräbse gesittert werden.

Unter die Buchhendler, welche hier auf die Messe zusammen kommen thaten, unterscheidet man drei Sorten nämlich Sortimenthierers und Verlegers, so wie auch fliegende Buchhendler, welche jedoch nicht auf die Börsche dürfen, sondern größtentheils nur aus Kinder bestehen, welche an die Straßeneckens die neisten Nachrichten aus Paris vor einen Groschen verkaufen, was alles gegen baari gemacht wird und nicht auf die Börsche gehört. Hier sind nur die sortirten und verlegenen Buchhendler zusammen, welche einander mahnen und auszahlen, wobei Jeder das große Einmal Eins für die ausländische Luithöre und leichte Dukaden bei sich führt, um damit daß Keiner dem Andern nicht zu wenig abnimmt, welches jedoch so schon niemals nicht vorkommt.

Damit daß aber die Leite einander ordentlich kennen lernen, haben auch Viele ihre Namens, was man Viermahs nennt, mit das große Allfabeet auf Babier geschrieben und an den Hut gebunden, welches sehr komisch aussieht, allein hingegen die Gescheftsverkehrtheit sehr erleichtert. Da ich nun sah, daß solche Leite, welche mit ihre Viermahs an den Hut herumliefen, immer von die Andern Geld empfingen, so nahm ich Fritzen heimlich bei Seide und sagte ihn, daß wir hier könnten vielleicht auch ein Geschäftchen mit die Herren Buchhendler machen. Ich hatte nämlich noch zwei Theeaderzettels in die Tasche, wo wir waren in allen beiden darin gewesen, nämlich von die Oper: Rohmeo und Julicha und von das Lustsbiel: der Sohn der Wildnis. Da nun diese Zettel auch bald so aussahen, als wie Viermahs auf die Hüte, so machte ich mir auf meine Mitze: **Rohmeo und Julicha**, was doch auch bald so klingt wie eine Buchhandlung und an Fritzen seine Mitze klebte ich den **Sohn der Wildniß**, welches freilich eichentlich nicht vor ihn baste, indem daß er doch ein gans ehrsamer Bürgersohn war und nicht aus die Wildniß sondern aber aus Pirne; dieses muste man aber nur der Viermah wegen thun. Wir gingen hierauf wieder in den Saal und setzten uns ruhig an einen leeren Tisch, wo ich gans natirlicher Weise dachte, daß ich am Ende auch noch ausgezahlt würde, da wir doch auch so aussahn, als wie die andern.

Allein diese Speckulazion schien mir nicht gelingen zu wollen, denn es kam Keiner nicht zu uns, bis sich endlich einige Herren vor uns hinstellten, unser Viermahs lasen, worauf sie sehr inbärdienend lachen thaten. Da mich dieses erzirnte, so ging ich auf die Lechler zu und fragte sie, ob sie mit den lecherlichen Gesichtern etwa mich meinen theten. Jedoch aber ehe ich eine Antwort bekam, ward das Gedrengle immer größer und einer von die Herren, welcher sehr gröblicher Natuhr war, fuhr mich gans kirzlich an: „Was ich hier wollen thete?"

Ich erwiederte hierauf grafitödisch: „Ich will Geschefte machen."

„Sein Sie ein Buchhendler?" fragte er nun.

„Dieses nicht," sagte ich, „alleine aber ein Fremder bin ich."

Nun wurde aber der Mann immer unangenehmlicher mit zweideitlichen Redensartigkeiten, welches ich mir jedoch nicht annahm, weil noch viele Menschen hier herumstanden, die er damit hatte auch meinen können. Endlich aber sagte er, daß ich auf eine falsche Viermah hergekommen were, welches man Betruch nennt. Wenn ich nicht in so große Mihnohritet gewesen were, hette ich den Sprecher auf dieses Eine gereicht, so aber endgegnete ich mit Wirthigkeit:

„Herr, wissen Sie was ich bin? Ich bin kein Betricher nicht, sondern heiße Graf und bin aus Pirne in die sechsische Schweiz."

Da schrie aber der Andre: „Und wenn Sie auch meinetwegen Müller hießen und aus die wirkliche Schweiz weren, so ist mir das gans eingal. Solcher Schwindel mit falsche Namens ist auch schon bassirt."

Was er mit diesen Müller aus die wirkliche Schweiz wollte, wußte ich nicht, er winkte jedoch hierauf einen Mann vor der Thüre, welche man hier Bordigehs heist, welcher mir freindlich den Arm anbot und mit den ich anstendlich den Saal verließ.

Ich war schon unten auf die Trebbe, als ich auf einmal mich besinnen that, daß ich noch meinen Fritze, den Sohn der Wildniß, oben stehen gelassen hatte, warum ich noch einmal umkehrte. Ich hatte aber kaum einige Stufen erstichen, als mir Fritze mit einem Satze endgegengeflogen kommt, indem sie dieses unschuldige Lamm hinausgeworfen hatten, da er sich edelmietig benommen hatte. Als nämlich Fritze bemerkte, wie grob man mit seinen eichenen ältesten Vater von die Viermah Rohmeo und Julicha umging, so hatte er hinter meine

Rücken den „geehrten" Sprecher von vorhin eine Nase gedreht und Gesichter geschnitten, warum er schnödliche Rache an ihm genommen und ihn mir nachgeworfen hatte. Mit innichstes Mitgefühl drickte ich ihn an mein Herze und sagte: „Drehste Dich, Fritze, es giebt außer diese paarbaarischen Buchhendler, welche uns wie falsche Minze aus ihre Börsche geworfen haben auch noch Kondithors oder zuckergebackene Kaufleite, welche Jenen ihre saure Handlungsbeweise mit Kuchen wieder versitzen kennen."

Hierauf ging ich mit Fritzen in das benachbarlichte Kofe franksä, wo ich ihn vor seine Anhenglichkeit mit Liemonate belohnte. Von die Messe hatte ich nun aber grade genug, denn ich hatte jetzt ungesehr weg, daß sie von jedem, der kein

Kaufmann nicht ist, in Leipzig auf die Messe denken, er were ein backetell, oder ein Lumb, liebe Anverwandten u. s. w.

Nachdem wir uns also die Bitterkeiten durch etwas Süßliches vertrieben hatten, machten wir noch einen Spaziergang um die Stadt herum, welches man englische Anlagen nennt. Dieses ist eine große Zierde von die Stadt, wo es sehr viele Spaziergenger, Sperlinge, Staub, Bohlizeidiener, Statien und Denkmäler giebt, von welchen letzten man gewiß über ein Duzend findet und lauter Leite, welches keine Bekannte nicht von mir gewesen sind.

Da ist zum Beispiel ein alter geleerter Muhsikus, mit Namens Bach, welchen sie ausgehauen haben, weil er in die Musik die Fuchen erfunden hat. Nun sollte man aber doch meinen, daß dieses vielmehr ein Fehler were, indem die andern Geschefte, wie Tischler u. s. w. die Fuchen so viel als möglich zusammenleimen und flicken, so auch die Schuster und Schneider, wo man die Fuchen aber Löcher heist, allein aber nein, in die Musik ist es anders und da ist es die Kunst, alles aus den Leim und die Fuchen zu bringen, was man den General Paß heist. Uebrigens ist dieses Denkmal auch nicht einmal schön, wenn man es von die argedeckthonische Seite ansieht, wo es aussieht, als wie so eine Schwarzwelder Uhr, die in einen Kasten steht und wo allemal Einer oben heraussieht, wenn es um ganz oder halb schlägt.

Nun in Pirne sind sie nicht gleich so rasch mit ein Denkmal da, obgleich dort der Sandstein billig ist und haben wir außer den Mäulenzeicher mit die Poststationen gar keins nicht; obgleich hingegen unsern sehligen Stadtmuhsikuß sein Vater eins verdient hette, den dieser blies vierzehn Instromender, konnte mit ein Messer oder brennenden Vidibuß auf seinen eichenen Ricken Fiolinie spielen und manches andre, was vielleicht eben so schwer ist, als wie die Muhsik aus die Fuchen zu bringen.

Sehr ellekant macht sich ein alter Dokthor mit Namens

Hahnemann, den sie in Bronkse abgegossen haben, wie er auf ein Stielchen sitzt und eben in die Leipziger Zeidung liest, wobei er einschleft, welches ein recht scheener frommer Gedanke ist. Ich habe mich nach den Hahnemann neher erkundigt welcher aber schon lange tod ist, jedoch hat er die sogenannt Hemohbaderie erfunden, wo die Leite mit kleine Bulserchens kuhrirt werden, in welchen Rattengift mit darin ist, was auf labeinisch Belletonia heist. Es soll aber auch nicht immer helfen.

Nun will man aber in Leipzig in die nächste Zeit wieder zwei Denkmäler setzen, beide von beriemte Dokthors aber man muß erst warten, bis ein Paar recht beriemte gestorben sind, weil sich keiner nicht will schon bei Lebzeiten aushauen lassen. Das eine soll vor einen Wasserkuhrirer, welcher alles mit Wasser heilt und wo die Menschen so lange in das kalte Wasser sitzen bis sie gesund oder alle sind. Dieses Denkmal soll in ein Brunnen oder Blumbe bestehn, mit die Denkschrift: **Wasser thuts doch!** Das heist, wenn sie mich fragten, schrieb ich drauf: **Bier aber thuts am besten!**

Nun giebt es noch eine Sorte Erzte, welche **Aloebaders** heisen und welche allemal auf die Rehzebte schreiben: **Alle finf Minuden drei Suppenleffel voll zu nehmen** Es wird also auch noch einer hiervon ausgehauen oder ausgegossen und in die Leibziger Anlagen als ein scheenes Beisbiel aufgestellt, allein doch kann man schon jetzt alle funfzehn Schritte sich auf ein Mohnument stoßen.

Ein recht freindlicher Mann, welcher sah, daß ich mich vor diese Denkmeler indrehsirte fragte mich, ob ich schon Bohnijatobsskin seines gesehen hette, welcher bei die fransesische Räderathe in das Wasser gestirzt und aus Versehn darin umgekommen were. Da ich dieses beneinte, so führte er mich an einen großen Garten, wo er sagte, daß es hier vier Groschen Ankdreh kosten thete. Da ich mich nun also dennoch nicht blahmiren wollte, so bedankte ich mich bei den Fremdling vor die Auskunft und trat ein, welches vor mich und Fritzen acht Groschen machte. Wir wurden hierauf auf einen großen grünen Platz geführt, wo ein großer viereckiger Stein lag, mit pohlischen Buchstaben die Keiner nicht verstehn that. Der Mann, der uns hierher gebracht hatte, sagte aber ganz ruhig: „Das is er!"

„Wer?" fragte ich, „Pohnijatobfski?"

„Nee," sagte der Mann, „nur der Steen, wo er is in das Wasser gesprungen."

„Also weiter ist es nichts nicht," rufe ich aus, „und dieses soll vier gute Groschen werth sein! Schäm' Er sich!"

Der Mann nickte verstummt mit seinem Kopfe und ging, ich aber stand noch ganz verblifft. Da könnte ja Jeder kommen und sich oder seinen lieben Anverwandten ein viereckigten Stein mit das große labeinische Alfabeet hinsetzen lassen und davor vier Groschen Ankbreh nehmen. Dieses kennte ich ja auch thun, wenn ich todt were, aber hingegen nein, ich würde mich vor mich selbst schämen. Ich ging dann auch mit bittern Krimme fort, dieweil ich hatte acht Groschen so gleich weggeworfen.

Allein der Sohn von meinen Wirthsleiden, der Schneider, hat mir gesagt, auf welche Weise wie man braucht ein andermal gar kein Ankbreh nicht zu geben, sondern es umsonst sieht. Ich bringe dieses hiermit zur Erkenntniß des

deutschen Publikums!!!

Man gehe durch Reichels Garten nach die „Schwimmanstalt nur für Herrens" zu und halte sich dahin immer ganz rechts und immer rechtser und wenn man dann am rechtsesten ist, so ist ein Zaun da, über welchen man steichen muß, worauf man sich links wendet, und dann gleich vor das Mohnumend steht, wenn Einen kein Gertner nicht dabei erwischt.

Ich were nun am liebsten schon wieder abgereist, allein

aber es wurde mir noch so eifrich angerathen, daß ich mir als Fremder müste unbedünkt das Schlachtfeld ansehn, wo ahno dreizehn die Alliniirten den Kaiser Nabohlijon in die Flucht geschlagen haben, welches vor jeden Vaterlandsfreind Werth hat. Da ich nun doch auch sehr viel auf histhorichte Erinnerungen halte, so beschlos ich mir diese Seltenheit ebenfalls anzusehn. Ich machte mich also eines Morgens auf den Weg, bewaffnete mich mit eine Landkarte von die Umgegend von Leipzig, nahm Fritzen in die eine Hand, den Stock in die andre und steckte noch mein Versbegucketief oder Fernrohr in die Tasche, um damit daß man konnte in Nothfall die Endfernung heranziehn. Da sich bei unsern Abmarsch einige triebe Wolken zeigten, so borchten wir uns noch ein Regenbarasol, welches Fritze trug.

Es ist nämlich die Gegend von Leipzig doppelt merkwirdig, weil hier schon vor vielen Jahren auch der dreißigjährige Krieg gewesen ist, wo damals Karl der Große mit den alten Fritzen um die Krone von Rusland fechten that.

Zuerst wendeten wir uns in ein Dorf, welches Mekern hieß und ahno Dreizehn sollte eine große Rolle gespielt haben. Wir gingen hinein und sahen uns um, allein aber wir trafen weiter nichts nicht, als wie Gänse, Schafe, Bauernjungen, liebe Anverwandte u. s. w. welches sehr einfermig war. Endlich sahen wir auch einen alten Mann mit einen rostigen Spieße in die Hand, welcher uns fragte: was wir wollten und wobei er sich uns zugleich als der Nachtwechter von das Dorf vorstellte. Daß die Nachtwechter allhier am hellen Tage herumlaufen, finde ich sehr sonderbarlich, aber man kann es diese Leite auch nicht verdenken, daß sie ihr Amt am Tage verrichten, damit ein Nachtwechter auch in die Nacht schlafen kann.

Nun sage ich also zu den Alten: „Lieber Mann," sage ich, „wissen Sie denn nicht vielleicht den Blatz, wo man die Velkerschlacht von ahno Dreizehn sehn kann?"

„Ei ja, mein gutestes Herrchen," sagte da der Nacht=
wechter, „das will ich Sie gleich zeigen, kommen Se nur mit."

Wir gingen jetzt vor das Dorf hinaus, wo auf eine
Wiese ein großer Erdhaufen befindlicht war. Auf diesen
musten wir steichen und nun fing der Nachtwechter an, uns
zu ecksblitziren!

„Sehn Se, mein gutestes Herrchen, von hier aus können
Se alles deitlich übersehn. Mekern war der Haubtpunktum
und hier is die ganse Schlacht entschieden worden. Sehn Se,
dort unten da standen de Blauen un dort drüben standen die
Grinen un was de Blauen waren, das waren de Fransosen
un was de Grinen waren, das waren die Alliirten, un
dorten hinten naus flichteten sich de Fransosen. Ja, härren Se!"

Ich sah nun freilich nichts nicht mehr davon, obgleich ich
mein Fernrohr auf Fritzen seinen Kobf gelegt hatte, welcher
jedoch nicht ruhig stand sondern immer mit die Beine trambelte,

warum er auch eine hinter die Ohren empfing. Da ich also
mit ein bewaffnetes Auge durch das Versbeguketief auch nichts
nicht sah, beschloß ich weiter zu wandern, nachdem ich dem
Nachtwechter mit ein Trinkgeld erkwickt hatte.

Da sagte aber der Mann: „Ei nee, hären Se, so rasch
derfen Se noch nich aus Mckern, denn in de Schenke unten
kennen Se noch den Stuhl sehn, worauf Nahbolijon die letzte
Nacht geschlafen hat, eh' wir'n rausgetrieben haben."

Dieses war nun freilich etwas Rahres und ich wendete
mich daher jetzt nach das Wirthshaus, wo ich mir einen Likehr
und Nahbolijon seinen Stuhl bestellte. Der Likehr bestant in
einen sogenannten schlechtsbanisch Bittren und der Stuhl war
weiter nichts nicht, als wie ein alter Holzstuhl, worauf immer
die Bauern sitzen und woranf man gar nichts nicht mehr von
Nahbolijon sah. Ich war jedoch weder von den Stuhl noch
von den Likehr befriedigt und dachte jedoch aber, es würde
schon in die andern Derfer besser kommen.

Wir wanderten nun kwerfeldein nach das Dorf Eitritsch,
allein aber jetzt fing es an zu regnen und der Boden wurde
sehr weich, weil er in diese Gegend fast nur aus Lehm besteht,
so daß wir oft bis an die Knöchel hineinrutschten.

Nach einer Stunde kamen wir in Eitritsch an, wo
wir auch wieder Niemanden nicht trafen als wie einen alten
verrosteten Nachtwechter, den wir nach die Velkerschlacht fragten
und der uns vor das Dorf mitten in ein Sumf hineinführte,
wo er uns nun themonstrirte:

„Sehn Se, mein gutestes Herrchen, von hier aus kennen
Se alles deitlich übersehn. Eitritsch war der Haubtpunktum
un hier is die ganse Schlacht entschieden worden. Sehn Se,
dort unten da standen de Blauen un dort drüben da standen
de Grinen un was de Blauen waren, das waren de Franjosen
un was de Grinen waren, das waren die Alliniirten und
dorten hinten naus flichteten sich de Franjosen. Ja härren Se!"

Ich wuste gar nicht woran ich war, denn dieses hatte

mir doch der Mekersche Nachtwechter auch grade so erzehlt, allein aber ich erstaunte noch mehr, wie der Mann sagte: „Ja, härren Se, un wenn Se wollen was gans Merkwirdiges sehn, da gehen Se in de Schenke, da finden Se noch den

Stuhl, worauf Nahbolijon die letzte Nacht geschlafen hat, eh wir'n rausgetrieben haben." —

Ich wollte doch diese Sache untersuchen und ging in die Schenke, wo der Lifehr noch schlechter war, als wie in Mekern und der Stuhl nicht besser. Als ich den Wirth sagte, daß sie in Mekern auch so ein Stuhl hetten, wurde er grob und meinte der mekersche were der falsche, dieser hier aber der echte.

Wir gingen zwar unbefriedigt weiter, allein es regnete jetzt immer heftiger und wir musten oft durch den Schmutz bis an die Kniee. Aber wie sehr erschrak ich, als ich auf einmal merkte, daß das Zweidthalerkostihm, welches ich Fritzen vor sein gestohlenes bei den billigen Kleiderhendler gekauft hatte, durch den Regen gans auseinanderweichte. Der eine Aermel war schon aus der Jacke heraus und das ganse linkse Hosenbein ging aus der Nath. Es half jedoch dieses weiter nichts nicht, sondern wir setzten unsern Weg fort, wo wir nach vielen Beschwerten nach das Dorf Schönefeld kamen,

wo schon von weiten der Nachtwechter, welcher grade so aus=
sah, als wie die beiden vorigen, auf uns los kam und Fritzen
von wegen sein sachebuntirlichen Kleidung wollte aretiriren.
Allein aber ich legte mich in diese Sache, erklerte mich zum
Vater von diesen aus die Rath gegangenen Sohn und fragte
dann nach die beriemte Velkerschlacht, worauf der beruhigt
gewordene Nachtwechter wieder mit uns hinausging auf die
Weide, wohin das Gemeindevieh sonst getrieben wurde, welches
aber wegen das schlechte Wetter nicht da war. Hier nahm
nun der Nachwechter eine sehr ernstliche Miene an, sagte daß er
auch dabei gewesen were und erzehlte uns folgendes:

„Sehn Sie mein gutestes Herrchen, von hier aus können
Se alles deitlich übersehn. Schönefeld war der Haubtpunktum
un hier is de ganze Schlacht entschieden worden. Sehn Se,
dort unten standen de Blauen und dort drüben standen de
Grinen un was de Blauen waren, das waren de Franjosen
un was de Grinen waren, das waren de Alliniirten und dorten
hinten naus flichteten sich de Franjosen. Ja, härren Se!"

Dieses jedoch ging mir doch etwas zu sehr in das Asch=
kraue, denn nun dachte ich, daß diese gansen Nachtwechter ein=
gelernt weren un nur dieses sagen könnten. Um mich völlich
zu überzeichen, fragte ich ihm, ob nich hier in die Schenke
vielleicht auch der Stuhl were, worauf Nahbolijon die letzte
Nacht geschlafen hette. Da sah mich der Mann ganz ver=
staunt an und sagte: „Ei ja wohl, härren Se, der is noch
hier. Woher wissen Se denn das schone?"

Nun erklerte ich ihn, daß dieses alles Betricherei were,
und daß sie in Mekern und Eitritsch auch dieselben Stühle
gezeicht hetten. Da sagte mir aber der unverschemte Kerle:
„Ei ja, das kloobe ich wohl, aber d e n ihre Stühle sein ooch
nich echte, aber unsrer is ganz gewiß der richtige."

Ohne diesen Menschen noch mit eine Antwort zu bewir=
bigen, gingen wir ganz niedergeschlagen fort, denn es regnete
jetzt immer sterker und wir waren schon bis auf die Haut nas.

Besonders jämmerlich sah Fritze aus, welcher immer mehr aus

die Nath ging und den man jetzt vor eine Vogelscheiche halten

konnte, welche in das Feld gesetzt wird. Er machte auch denselben Eindruck, denn wenn wir uns an ein Feld neherten, so flogen vor Fritzen mit Geschreierei alle Vögel fort. So kamen wir in einen sehr beklagungswerthen Zustand bis in die Nähe von das Dorf Stetteritz, wo wir aber gar Niemand nicht erblickten. Ich sah mich überall um, ob ich nicht etwas besonderliches sehen thete, aber es gab hier nichts nicht, als gans gewehnliches Feld, keine Spur nicht von Merkwirbigkeit oder Gegend. Wir kehrten also um, und ich war schon froh, daß wir hier wenigstens keinen Nachtwechter nicht zur Ecksblitzasijon gebraucht hatten, da erblickten ich in der Nähe einen Fremden, der etwas auf den Erdboden zu suchen schien.

Wie er an uns heran gekommen war, so grüßte er und fragte mich ob ich vielleicht hier herum bekannt were.

„Nein," erwiederte ich.

„Ah so," sagte er, „das thut mir Leid; ich suche nämlich das Feld von die beriemte Velkerschlacht."

„Ih, wenn es weiter nichts nicht ist," sage ich, „das kann ich Sie sagen." Und nun fing ich an, ihn folgendes zu erkleren: Sehn Sie, von hier aus können Sie alles deitlich übersehn. Stetteritz war der Haubtpunktum und hier is die ganse Schlacht entschieden worden. Sehen Sie, dort unten standen die Blauen und dort drüben standen die Grinen und was die Blauen waren, das waren die Fransosen und was de Grinen waren, das waren die Alliniirten und dort hinten hinaus flichteten sich die Fransosen. Ja, hören Sie!"

Der Herr sah mich gans erstaunt wegen meine Gelcertheit an und wollte mir ein Trinkgeld in die Hand dricken. Ich sagte jedoch, daß ich hingegen dieses nur aus mein Brisabvergnigen thete und gab ihn auch noch den guten Rath: „Nun gehen Sie aber auch in die Schenke, denn da können Sie noch den Stuhl sehn, auf welchen Nahbolijon in die letzte Nacht geschlafen hat, ehe er herausgetrieben wurde."

Hierauf verließ uns der Fremde mit Danksagungen und tiefen Bicklingen.

Die übrigen beriemten Punkte von die Belkerschlacht ließ ich jedoch nun in Stiche, denn ich hatte nun Nahbolijon, die Alliniirten, Fransosen, Likehre, Stihle, Nachtwechter u. s. w. alles im Magen, so daß ich mich glicklich schetzte, wie wir nach einigen Stunden wieder in unser schamber karnieh anlangten, wo ich mir ein Glas Bunsch und vor Fritzen einen Schneider bestellte, denn so eben blatzte der letzte Stich an sein Kostihm und er stand wieder so da, wie dazumal Abends.

Ich habe jedoch nun Erfahrungen genug eingesammelt und hoffe in einigen Tagen wieder in Pirne zu sein. Die Messe ist auch jetzt fast gans alle und der Stuhtente, welcher eichentlich in meine Stube gehert, ist schon wieder gekommen und muß einstweilen in die kleine Kammer daneben bleiben, woselbst er den gansen Tag in große Kahnonenstiefeln herumsbaziert, daß das Haus bubert und schottert. Dabei singt er immerfort den Stuhtenten ihr Leiblied welches ungesehr heißt:

Kau Thee amicus in G dur

wo ich jedoch nicht weis, was dieses heißt, aber Fritze soll gleich zu Hause in die kleine Brödersche Krammabick hinten in die Fogabeln nachsehn, wo alles steht.

Nun lebt also wohl, liebe Anverwandten u. s. w. und breidet immer die Aerme aus, damit daß recht balde hineinsinken kann

Euer

lieber Anverwandte u. s. w.

Graf, Renntgeh aus Pirne.

www.ingramcontent.com/pod-product-compliance
Lightning Source LLC
Chambersburg PA
CBHW031335160426
43196CB00007B/698